KB055468

일 잘하게 하는
리더는 따로 있다

일 잘하게 하는 리더는 따로 있다

초판 1쇄 발행 2016년 12월 15일

지 은 이   조미옥
발 행 인   권선복
편   집   강미정
발 행 처   도서출판 행복에너지
출판등록   제315-2011-000035호
주   소   (07679) 서울특별시 강서구 화곡로 232
전   화   0505-613-6133
팩   스   0303-0799-1560
홈페이지   www.happybook.or.kr
이 메 일   ksbdata@daum.net
값 15,000원
ISBN 979-11-5602-435-4 03320

Copyright ⓒ 조미옥, 2016

 GPTW® Institute

도서출판 행복에너지는 독자 여러분의 아이디어와 원고 투고를 기다립니다. 책으로 만들기를 원하는 콘텐츠가 있으신 분은 이메일이나 홈페이지를 통해 간단한 기획서와 기획의도, 연락처 등을 보내주십시오. 행복에너지의 문은 언제나 활짝 열려 있습니다.

좋은 일터는 없다. 함께하고 싶은 리더가 있을 뿐

일 잘하게 하는 리더는 따로 있다

조미옥 지음

굳게 믿고 의지할 수 있는 '리더',

본질은 결국

'신뢰'일 수밖에 없다

"오동은 천년이 지나도 곡조를 간직하고

매화는 일생을 춥게 살아도 향기를 팔지 않는다.

달은 천번을 이지러져도 그 본질은 남아 있고

버들은 백번을 꺾여도 새 가지가 올라온다."

조선 중기의 문인이자 한문학자이며 정치가였던 상촌 신흠의 글이다. 무수한
세월 속에서도 오동으로 만든 거문고는 제소리를 잃지 않으며 숱한 추위 속에
서도 매화 향기는 숨겨지지 않는다. 천의 얼굴로 사람을 현혹한다고 할지라도
달은 달이며, 아무리 꺾어내도 버들가지는 오롯이 다시 싹을 틔운다. 나는 이
글을 대할 때마다 삶에서 변함없는 가치가 무엇인지 영혼이 있는 삶을 살고
있는지 내 자신에게 되묻곤 한다.

나 또한 여느 사람들처럼 삶의 굴곡이 많았다. 지키지 못할 약속 때문에 눈물 흘린 적도 많았고, 딸들에게는 말과 행동이 다르다는 충고를 듣기도 했다. 의도하지는 않았지만 다른 사람에게 상처를 주어 신뢰가 깨졌던 적도 있다. 일터에서는 늘 다른 사람을 배려하고 존중해야 한다고 외치면서도 정작 이기심으로 뚤뚤 뭉쳐진 모습을 보인 적도 있다.

그러나 어느 시인의 말처럼 삶이 나를 속일지라도 슬퍼하거나 노해서는 안 될 일이다. 겉으로 보기에는 수없이 변화무쌍한 인생 같지만, 돌이켜 보면 나 자신이 지키고자 했던 내 삶의 가치는 나름대로 바뀌지 않았던 것 같다.

진솔함과 책임감으로 다른 사람과의 관계에서 신뢰를 두텁게 하기 위하여 노력하고, 늘 열정과 긍정의 태도를 잃지 않으려 스스로 다짐하며 애써 왔다. 개인의 삶이든 조직 생활이든 하루에도 수십 번씩 우여곡절을 겪지만, 나는 삶이 고달플 때마다 본질적인 것으로 회귀하면서 다시 신발끈을 불끈 매곤 한다.
이럴 때, 상촌 신흠의 글은 내 삶의 이정표가 되어 준다. 앞을 가늠할 수 없는 현실 정치 앞에서 신흠도 어쩌면 주변에 휘둘리지 않고 자신의 지조와 절개를 꿋꿋이 지키겠다는 의지를 다지지 않았을까?

> 조직의 리더는 늘 수도 없이 많은 결정을 내려야 하고,
> 그 결정에 책임져야 하며 함께하는 구성원과의 관계에서
> 신뢰를 유지해야 하는 외롭고 고달픈 자리이다.
> 또한 업무를 처리할 때 권한보다는 책임이 더 많은
> 조직의 무게를 짊어져야 한다.

신뢰와 존경을 받는 리더는 탁월한 성과를 만들어내는 데에 그치지 않는다. 이런 리더가 보여 주는 공통적인 행동 특성은 한결같이 소소한 원칙을 일관성 있

게 지키는 모습으로 사람들과 신뢰를 쌓아 간다는 것이다.

좋은 리더Best Boss와 나쁜 리더Worst Boss에게서 발견할 수 있는 리더십의 본질은 바로 '신뢰 수준Trust Level'의 차이이다. 리더의 신뢰 수준은 좋은 일터Best Workplace와 나쁜 일터Worst Workplace를 나누는 핵심 요소로 작용한다.

'신뢰'는 '훌륭한 일터Great Workplace'의 본질이다. 훌륭한 일터나 조직 문화에서는 어디에서도 신뢰가 낮은 모습을 찾아볼 수 없다. 신뢰가 높은 일터의 임직원들은 조직의 핵심 가치와 미션, 그리고 비전을 공유하는 폭이 넓으며 서로 깊은 공감을 한다. 이런 일터는 신뢰가 높은 문화High Trust Culture를 가지고 있다.

문화는 사람이다Culture is People. 일터의 문화는 임직원들이 보여 주는 공통적인 가치나 행동 그리고 규범의 총체를 의미한다. 아무리 최고 시스템과 제도, 업무 프로세스를 갖추고 있어도 이를 운용하는 구성원들의 문화적 수준이 낮으면 성과는 제대로 나지 않는다. 임직원 간의 신뢰가 높은 문화를 가진 조직은 탁월한 성과를 창출해 갈 뿐만 아니라 구성원들의 자긍심도 높아진다.

'좋은 리더'는 신뢰가 바탕이 되는 좋은 일터를 만들어 간다. 그들은 사려 깊고 높은 윤리 의식을 가지고 있다. 구성원들의 열정이 피어날 수 있는 업무 환경을 만들어 주며, 아부와 정치적 행위를 배제한다. 대신에 열정적인 구성원들은 인정하고, 성과와 별개로 업무에 노력하는 태도 자체를 격려한다. 구성원들이 최고라고 생각하는 한계를 뛰어넘을 수 있게 도전할 수 있는 기회를 주며 그 과정에서 발생하는 실수는 자신이 책임지는 모습을 보인다. 조직에서 일하는 것이 단순히 급여를 받아 생활하기 위한 것 이상의 의미를 갖게 해주며 결과에 대해서는 직급이나 직위에 관계없이 공정한 잣대를 적용한다.

이 책은 신뢰 받는 리더와 그렇지 못한 리더가 일상 업무에서 보여 주는 리더십 행동 사례 43가지를 담았다. 일터에서 리더와 구성원, 구성원과 구성원 간의 신뢰를 쌓는 행동과 불신을 조장하는 소소한 행동의 실제 사례를 통해 '훌륭한 일터의 변하지 않는 본질인 신뢰'를 되새김질할 수 있기를 기대한다.

마지막으로 이 책을 사랑하는 나의 딸 이영, 이진에게 바친다. 그들 또한 자신들의 인생에서 우여곡절을 겪게 될 것이다. 하지만 삶이 그들을 뒤흔들 때도, 영혼이 있는 사람에게서 볼 수 있는 변하지 않는 삶의 본질인 '신뢰'를 꿋꿋이 쌓아 가기 바란다. 그들이 '한 번 잃어버리면 영원히 되찾을 수 없는 것이 신뢰'라는 것을 가슴에 새기면서 훌륭한 삶을 살아가기를 희망한다.

조미옥

C o n t e n t s

불통 아닌 소통의 시대

좋은 일터의 조건

사회 변화와 일터 환경의 변화
Social Change & Workplace Change

인터넷 혁명과 테크놀로지의 놀라운 발전과 더불어 우리의 일상도 그 속도에 맞추어 날마다 어쩌면 매 순간 새로운 세상을 경험하며 살아가고 있다.

아날로그의 시대에는 사람들이 많은 지식을 꾹꾹 눌러 머릿속에 가능한 한 많이 담아 놓고 있어야 했지만, 테크놀로지의 혁신을 거듭하고 있는 현재는 머릿속에 지식을 넘치도록 쌓아 놓지 않아도 필요할 때마다 언제 어디서든지 꺼내 보는 것이 가능해졌다. 이제는 누가 더 많이 알고 있는가보다는 누가 더 빨리 더 많은 정보를 찾아내고 응용하는지에 따라 지식인의 수준이 결정된다.

인터넷과 테크놀로지의 혁명이 본격화되기 이전 시기에는 사람들의 머릿속 지식과 정보량이 사회나 조직에서 파워의 수준을 결정하는 요인이 되었었다. 그래서 직위가 높아질수록 더 많은 경험과 정보, 지식을 가질 수 있어서 경영진들이 구성원들을 더욱 쉽게 통제하고 나름대로 권위를 유지할 수 있었다.

그러나 밀레니엄 시대에 접어들면서 지식과 정보의 세상은 새로운 시대를 열었다. 테크놀로지와 인터넷의 놀라운 발전은 지구상에 존재하는 지식과 정보를 서로 거미줄처럼 얽어 거대한 지식 데이터베이스를 구축하였고, 누구나 쉽게 빅데이터를 활용할 수 있게 만들었다.

이런 현상은 사람들의 가치관과 살아가는 방식을 근본적으로 바꾸어 놓았고, 지금까지 전통과 관습 속에서 존재하던 사회 문화를 뒤흔들어 놓고 있다.

'사람들의 가치관과 살아가는 방식의 변화'는 기업의 존재 가치와 운영 방식에까지 변화를 가져온다. '직업'에 대한 의미가 바뀌고 '일'을 대할 때의 가치관이 바뀌고 있다. 구성원들의 직업관과 가치관의 변화는 조직 내 업무 프로세스와 소통 방식의 혁신을 요구하면서 끊임없이 변화하고 있다.

2020년 이후부터는 삶의 배경과 경험이 전혀 다른 4세대가 한 일터에 공존하게 된다. 한 공간에서 일하게 되는 밀레니얼 세대Millenial Generation, X세대, 베이비붐 세대, 그 이전의 세대들은 각각 일에 대한 가치관과 직업관, 그리고 인생관이 매우 다르다.

이들 세대는 사회 조직 속에서 공동 목표를 달성하기 위해 함께 일하지만 서로 인생관과 가치관, 직업관이 전혀 다르기 때문에 갈등은 심화될 수밖에 없다.

따라서 많은 글로벌 기업들이 이들의 갈등을 최소화하는 업무 환경과 조직 문화 구축을 최우선 과제로 삼고 있다.

일터는 우수 인재가 머물 수 있는 환경을 갖추어야 한다

많은 기업들이 조직의 부가가치를 높이기 위해서 인재를 어떻게 활용할지를 고민한다. 지금도 많은 기업들이 우수 인재 유치를 위한 쟁탈전을 벌이고 있지만, 2020년 이후에는 더욱더 우수 인재의 채용과 유지에 심혈을 기울일 수밖에 없다.

1978년 창사 이래 최고 인재를 유지하기 위해 노력해 온 '컨테이너 스토어Container Store'의 인재관은 새겨볼 만하다. 이 회사는 "한 명의 뛰어난 직원이 이루어내는 성과는 세 명의 좋은 직원의 성과와 맞먹는다. One Great Employee equals to Three good Employees."는 점을 항상 강조한다. 그렇기 때문에 인재를 채용할 때, 개인의 능력뿐만 아니라 개인의 가치관이 조직이 추구하는 가치관과 어느 정도 일치하는지를 따져 본다. 가능한 한 기업이 추구하는 가치관과 최대로 비슷한 인재를 선호한다. 그리고 그 우수 인재가 능력을 발휘할 수 있는 심리적, 물리적 업무 환경을 충분히 제공하려고 한다.

세계적인 IT 기업 '구글'의 경우도 마찬가지이다. 구글의 인재관은 "최고 인재는 최고 대우를 받을 가치가 있다. The World Best Employee, The World Best Treatment."는 점을 강조한다. 그렇기 때문에 최고의 인재를 채용하고 최고의 대우를 해준다. 그런데 구글의 인재관에서 최고의 인재는 능력만을 뜻하는 것은 아니다. 구글은 최고의 인재들이 자기 성과에만 몰두하기를 바라지 않는다. 좋은 인간관계를 유지하는 능력이 탁월해야 하고, 기꺼이 협업하고 희생하는 구성원으로서의 가치를 매우 중요하게 생각한다.

이제 조직은 우수 인재들이 능력을 한껏 발휘하고 인정받는 환경과 시스템을 갖추어야 한다. 더불어, 혼자서 슈퍼스타가 되기보다는 팀워크를 잘 발휘하는 업무 환경을 구축할 필요가 있다.

성장 배경과 가치관이 전혀 다른 4세대가
갈등 없이 일할 수 있는 환경을 만들어야 한다

기업이 앞으로 부딪치게 될 큰 문제 중 하나는 서로 가치관과 직업관이 다른 4세대가 한 공간에서 일하게 될 때 생기는 갈등의 처리 방법이다.

성장 배경과 가치관이 전혀 다른 세대들이 같은 공간에서 공동의 목표를 달성하기 위하여 일할 때 갈등은 발생할 것이고, 이 갈등을 최소화할 수 있는 유연한 리더십이 어느 때보다도 절실하다.

특히 1980년대 초부터 2000년대 초에 출생한 밀레니얼 세대는 도시형 업무 공간을 선호하는 경향이 있으며 조직보다는 개인의 가치를 더 중요시하는 특징이 있다.

'딜로이트^{Dilloit, 컨설팅 전문 업체}'에서 세계 29개국의 밀레니얼 세대 7,700명을 대상으로 조사한 결과를 보면, 응답자 중 44%는 2년 안에, 66%는 5년 안에 지금의 직장을 떠날 것이라고 응답했다. 이들은 이직하는 가장 큰 이유로 리더십 계발 기회의 부족과 불공정한 승진을 들었다. 이 밖에도 일과 사생활의 균형, 유연한 근무 환경, 사업 가치 등의 이유도 나왔다.

베이비붐 세대가 조직 생활을 멸공 봉사의 정신으로 해온 반면, 밀레니얼 세대는 조직과 독립적인 관계를 유지하며 상사의 부당한 지시나 리더십에 복종하지 않는다. 그들은 개인의 생활을 조직 생활과 같은 수준에 둘 만큼 중요하게 생각한다. 그래서 그들은 직장을 급여라는 경제적인 이유가 아니라 자기계발의 기회, 미래를 위한 투자라는 개념으로 인식한다.

따라서 개인 생활과 조직을 바라보는 시각이 다른 사람들이 같은 공간에서 공동 목표를 위해 일할 때, 구성원을 이끌고 지원하는 서번트 리더십^{Servant Leadership}과 평가 · 보상의 공정성, 효율적 업무 시스템을 미래 지향적으로 만들어 가야 한다.

2020년 이후 일터에서 여성 비중은 40퍼센트 이상, 여성 관리자의 비중은 더욱 늘어난다

지금도 계속 일터에서 여성 인력의 비중은 점점 늘어나고 있고, 분야를 막론하고 여성 관리자가 더욱 늘어나고 있다.

많은 조직에서는 아직까지도 남성 중심의 업무 환경과 문화, 그리고 남성 관리자 중심으로 돌아가고 있다. 그러나 여성 인재의 역할이 더욱 늘어나는 쪽으로 일터에 변화가 진행되고 있고, 여성 관리자의 리더십에 익숙하지 않은 남성 인력들은 혼돈과 갈등이 생길 수밖에 없다.

따라서 일터의 문화는 남성과 여성의 본질적인 차이점을 인정하고 수용하는 업무 환경을 구축할 필요가 있다. 남성과 여성의 차이점이 일터에서 긍정적으로 작용할 때는 문제되지 않지만, 그렇지 않을 경우에는 갈등이 심화될 수밖에 없다. 앞으로의 일터는 남성과 여성 중 누가 리더가 되든 합리적이고 객관적인 리더십을 발휘할 수 있는 리더십 계발이 절실히 필요하다.

밀레니얼 세대는 대면 소통보다는 터치형 소통에 익숙하다. 그들은 소셜 네트워크를 활용하여 자신의 생각과 아이디어를 더 많이 공유한다. 친구들과 카페나 음식점에 가서 서로 식성을 묻거나 주문을 할 때도 스마트폰으로 이야기한다. 그들은 마주 앉아 있으면서도 대화 창구는 스마트폰이다.

밀레니얼 세대의 이러한 소통 방식은 자연스럽게 일터로 이어진다. 그들은 거미줄처럼 얽힌 네트워크 속에서 때와 장소, 인종에 상관없이 소통하고 일하고 회의한다. 그들은 대면 소통이나 회의 또는 업무 방식보다는 테크놀로지를 활용한 방식에 더 익숙하다.

반면, 베이비붐 세대나 기존 세대는 밀레니얼 세대와 같은 공간에서 함께 일은 하지만, 이전부터 그랬던 것처럼 얼굴을 보지 않으면 일을 하지 않는다고 생각한다.

그러다 보니 대면 회의나 소통에 익숙한 베이비붐 세대의 리더와 밀레니얼 세대의 구성원 간의 갈등은 심화될 수밖에 없다.

디지털화된 소통 방식과 업무 처리 방식은 신속하고도 다양한 정보를 접할 수 있게 만든다. 사람과 사람이 부딪치며 함께 업무 처리를 하는 아날로그 방식 또한 많은 강점을 가지고 있다.

전혀 다른 성장 배경을 가진 다양한 세대가 갈등을 최소화하면서 조화롭게 일하는 문화를 만들려면 디지털과 아날로그 문화가 시너지 효과를 낼 수 있는 제3의 소통과 업무 처리 방식을 고민할 필요가 있다.

문화는 사람이다
Culture is People

'문화'는 공동체를 이루는 사람들이 공유하고 있는 가치관과 행동, 생활 방식의 총체이다. 두 사람 이상이 모여 공동생활의 형태를 갖추게 되면, 문자로든 행동으로든 문화라는 것이 생성된다. 이것이 사회 문화이다.

이러한 사회 문화는 자연스럽게 기업으로 흘러 들어가 조직 문화를 만든다. '조직 문화'는 공동 목표를 달성하기 위하여 모인 구성원들이 공유하는 가치관과 행동 기준, 그리고 업무 방식의 총체를 뜻한다.

사람이 사는 세상에는 지리적 여건이나 환경에 따라 다양한 문화가 존재한다. 기업들 또한 각각 추구하는 사업과 가치가 다르고 비전과 업무 환경이 다르며 물리적 여건이 다르기 때문에 다양한 조직 문화가 존재한다.

그런데 다양한 형태의 조직 문화를 살펴보면 '좋은 문화Best Culture'와 '나쁜 문화Worst Culture'가 보여 주는 공통적인 특징을 발견할 수 있다.

좋은 문화는 구성원들이 긍정적이고 적극적인 조직인으로 성장할 수 있는 토양을 만들어 준다. 반대로 나쁜 문화는 구성원들 간에 불신과 불만을 야기시켜 조직의 에너지를 고갈시킨다.

권위적이고 강압적인 위계가 존재하는 조직에는 두려움이 존재한다. 공포 문화는 필요 이상의 규정과 규칙을 만들고 비효율적인 프로세스와 관리 절차 때문에 업무 수행을 더디게 할 뿐만 아니라 책임 회피성의 결과를 창출한다.

이런 현상이 반복되면 구성원들은 관리자의 눈치를 보게 되고, 능력보다는 아부와 줄 서는 문화가 심화된다. 구성원들은 업무에 집중하기보다는 정치적 행위에 치중하여 능력을 제대로 발휘할 수 없게 된다. 이런 문화를 가진 조직도 성과는 내겠지만, 성과가 나면 날수록 조직 내 갈등은 심화된다.

반면 '좋은 문화'는 많은 다양성이 존재하면서도 서로 간에 신뢰Trust라는 가치가 뿌리 깊게 자리잡고 있다. 신뢰 문화는 자율적이고 권한 위임이 잘 이루어지는 업무 환경을 만들며, 빠른 의사 결정과 책임지는 업무 풍토를 가능하게 한다. 임직원 간의 신뢰가 두터운 조직의 구성원들은 자신의 생각이나 새로운 아이디어에 도전하는 진취적인 태도와 행동이 습관화되어 있다. 그 결과 좋은 성과를 창출하고, 조직 성과가 좋아질수록 구성원들의 자긍심은 더 높아진다.

기업들은 각기 서로 다른 문화적 특성을 가지고 있지만, 결국 모든 조직 문화의 목표는 성과 창출에 있다. 성공하는 기업들은 조직 문화와 성과의 연계성을 명확히 한다. 성과 창출에 방해되는 문화적 요소를 없애기 위하여 노력하며, 좋은 성과 창출에 필요한 조직 문화를 만들어 간다. 이런 기업들은 사업 성공 요인 중에서 '신뢰 문화'를 가장 중요한 요인으로 다룬다.

흔히 거대한 조직의 시스템 속에서는 개인의 생각이나 행동은 별로 중요하게 생각하지 않는다. 그들은 조직이 설계해 놓은 시스템이나 제도 안에서 행동할 수밖에 없기 때문이다.

　좋은 문화에서는 구성원들이 이렇게 틀에 박히고 표준화된 생각으로 행동하는 것을 경계한다. 좋은 문화를 가진 조직은 인간의 기본적인 욕구가 조직 시스템보다 우선한다는 것을 잘 알고 있기 때문에 구성원의 욕구가 잘 반영된 시스템과 제도를 만들어 운영한다.

　사람들은 일할 때 심리적으로 안정된 환경을 원하며, 경제적인 안정을 약속 받고 싶은 욕구가 있다. 뿐만 아니라 오랫동안 자신이 원하는 일을 할 수 있는 직업적 안정성을 추구한다. 그들은 또한 집단에 소속되었다는 자부심과 내면적 성취욕을 충족시키는 자아 실현의 욕구도 갖고 있다.

　좋은 문화를 가진 기업은 이런 인간의 기본 욕구를 충족시키기 위하여 애정 어린 보살핌과 친밀감이 강한 문화를 만든다. 구성원들이 자발적 몰입과 헌신을 통해 훌륭하게 성과 창출에 기여할 수 있도록 문화적 요인들을 강화시키는 것이다.

　눈에 보이지는 않지만 오랫동안 지속되어 온 조직 문화를 바꾸는 것은 매우 어렵고 복잡하다. 문화는 구성원들이 일상생활에서 행동하고 결정하는 형태를 보여 주는 일종의 유기체적인 요소이다. 따라서 조직 문화의 혁신은 결국 구성원들의 의식을 혁신하는 것으로 연결될 수밖에 없다.

좋은 일터의 조건

이러한 변화는 일터에서 더 많은 권한과 책임을 가진 리더의 혁신에서 출발해야 성공한다. 구성원들은 리더의 행동과 태도를 보면서 그 모습을 자신도 모르게 닮아 가기 때문이다.

'좋은 조직 문화의 유전인자DNA는 신뢰Trust'이다. 높은 신뢰 문화High Trust Culture를 가진 조직의 리더에게서 나타나는 공통적인 행동 특성을 보면 최소한의 규제와 규율, 폭넓은 자율 의사 결정 범위, 권한 위임과 명백한 책임 소재, 그리고 공정한 평가와 보상이 있다. 이런 일터 환경에 익숙한 다수의 구성원들은 팀장, 부서장, 임원 등 리더에 대해 강한 믿음을 가지고 있다. 이러한 구성원들의 리더에 대한 높은 신뢰도는 조직의 탁월한 성과 창출로 이어진다.

문화 혁신은 리더 혁신이다
Culture Innovation is Leader Innovation

어떤 리더가 좋은 리더이고 어떤 리더가 나쁜 리더일까? 기준은 하나로 집약된다. 함께하는 구성원들의 신뢰 정도에 따라 좋은 리더와 나쁜 리더로 나눌 수 있다.

성과 면에서 좋은 리더와 나쁜 리더 양쪽 다 탁월한 결과를 창출할 수 있다. 다만, 최고의 상사는 성과를 내는 과정이 공정하고 객관적이며, 구성원들로부터 높은 신뢰를 받는다.

최악의 리더는 업무 과정에서 불안과 두려움, 스트레스를 조장하며 구성원들은 두려움 때문에 자기 일에 몰입하게 된다. 이 경우, 구성원들은 상사의 지시나 결정이 없으면 움직이지 않는다. 상사는 복지부동하는 구성원들 때문에 스트레스를 받게 되고, 다시 구성원들을 더 강압적으로 몰아붙이는 방식의 리더십을 나타낼 수밖에 없다.

이런 현상이 반복되면 경직되고 침묵하는 조직 문화가 정착된다. 구성원들은 윗사람의 눈치를 보느라 서로 경쟁하고 갈등이 심화된다.

이러한 조직의 리더들에게 나타나는 공통 특징은 좋은 성과는 언제나 리더가 차지하고 나쁜 결과는 구성원의 책임으로 돌린다는 것이다. 구성원들이 조직 목표를 달성하기 위하여 노력해 줄 것이라는 믿음이 적기 때문에 사사건건 관여하며, 자신의 방식대로 업무 방향이나 방법을 수시로 바꾸어 혼란을 야기시킨다. 우리는 일상생활 속에서 이러한 바람직하지 못한 리더들을 자주 목격한다.

최고의 리더는 이와는 반대로 명확한 방향과 목표를 공유한다. 구성원들의 다양한 업무 방식과 개성을 존중하며 업무를 배분하고 지시한다. 방향이 크게 어긋나지 않는 범위에서 구성원들이 시도하고 실패하면서 배울 수 있는 기회를 갖도록 하고, 명확한 평가 기준과 공정한 평가로 구성원들의 우려를 불식시킨다.

구성원들은 리더에 대한 강한 믿음이 있기 때문에 조직의 급격한 변화나 시장 환경에 위기가 닥칠 때도 리더와 함께 빠르게 극복해내려는 행동을 보인다. 그들은 자신의 일에 의미를 부여하면서 서로 능력에 따른 선의의 경쟁과 협력을 반복한다.

이런 관점에서 볼 때, 조직 문화를 견인하는 힘은 역시 리더에게 있다고 볼 수 있다. 조직 문화가 성과 창출의 원동력이 되게 하려면, 리더와 구성원, 구성원과 구성원 간의 높은 신뢰가 바탕이 되는 '일터 문화'를 재정립할 필요가 있다.

좋은 일터 & 나쁜 일터
Best Workplace & Worst Workplace

미국 '갤럽gallup, 여론 조사 업체'의 조사에 따르면 사회생활을 하는 조사 대상 10명 중 3명 정도만이 조직과 깊은 관계를 맺고 있고, 이를 중요하게 생각한다고 답변했다. 그리고 절반 정도는 깊은 생각 없이 그저 급여를 받기 위해 일한다. 더 심각한 것은 절반 이상의 구성원들이 늘 새로운 직장으로 이직을 생각하고 있다는 것이다.

채용과 이직이 반복되는 일터는 구성원들의 훈련에 너무 많은 시간과 돈을 소비하게 된다. 갤럽은 구성원들이 조직에 더 적극적으로 관여할수록 매출이 19퍼센트 더 늘어났다고 보고한다.

반면, 구성원들이 소극적이고 수동적인 조직의 매출은 33퍼센트나 줄어들었다. '프랭크러셀 그룹Frank Russell Investment Group'의 자료에 의하면 '일하기 좋은 포천Fortune 100대 기업'은 1998년부터 2014년까지 누적 매출이 584퍼센트 증가했다. 이것은 'S&P 500 기업'이 191퍼센트 증가한 것과 대조적이다.

그런데 재미있는 현상은 이 기업의 사람들 대부분이 자기 일을 사랑한다고 응답하였다. 그렇게 보면 '좋은 일터'는 구성원들이 자기 일을 사랑하고 몰입하면서 자신의 목표를 달성해 가는 곳이라고 할 수 있다. 이런 일터의 구성원들은 서로 신뢰가 두텁기 때문에 이기적인 경쟁보다는 협업하는 가운데 성과를 창출하고 함께 성취한 결과에 대해 자부심을 가진다. 따라서 신뢰가 높은 좋은 일터는 낮은 이직률과 높은 성과가 창출된다.

　'나쁜 일터'의 구성원들은 조직의 정책이나 방침에 냉소적인 태도를 보이고 적극적으로 참여하지 않는다. 조직이 추구하는 비전이나 업무 방향에 대한 구성원들의 참여도가 낮아지는 가장 큰 원인은 바로 조직 내의 낮은 신뢰 문화 때문이다.

　신뢰가 낮은 일터의 구성원들은 서로에 대해 형식적으로만 존중하는 태도를 보인다. 구성원들에 대한 진정한 관심이 없기 때문에 개인 생활은 물론 업무에 대한 공유도 자주 하지 않는다. 그들은 개인 생활의 공유는 사생활 침해이며, 업무는 서로 도움을 주고받을 사안이 별로 없기 때문에 자기 목표에만 집중하면 된다고 생각한다.

　조직이 정해 준 목표와 일을 수행하면 된다는 지극히 개인 중심의 일하는 문화가 고착되어 있는 이러한 일터에서는 팀워크를 기대하기 매우 어렵다.

　최고 인재를 채용하여 최고 대우를 해준다는 경영 철학을 구현하고 있는 구글Google에서는 일터에서 구성원들이 심각하게 일하는 것을 요구하지 않는다. 구글의 리더들은 구성원들이 일하는 가운데 SNS를 통해 휴가 사진이나 가족 또는 애완동물의 사진 등을 공유하도록 허용한다. 또한 조직이나 개인에 대한 불만도 자연스럽게 공유되도록 한다. 이것은 일터와 일상의 공간과 시간을 분리하는 이분법적인 조직 문화를 배제하는 것이다.

　일단 일터에 오면 개인 생활과 관련된 모든 사항을 차단했던 과거의 문화와는 다르게 일터를 단순히 직장이라는 개념을 뛰어넘는 생활 공간으로 만들어 가고 있다.

구글이 자체적으로 조사한 '성과와 개인 생활의 공유 관계'의 결과에 따르면, 탁월한 성과를 내는 팀들의 가장 중요한 특징이 바로 팀원들 간에 SNS를 통해 개인 정보를 공유하는 것이었다.

사생활의 정보 공유는 구성원들에게 심리적으로 안정감을 주고, 이러한 심리적 안정은 팀원들이 사적인 대화를 많이 나누게 할 뿐만 아니라 서로 감정 이입 되는 효과를 가져왔다.

그렇게 구성원들이 심적으로 편안한 사이가 되어 서로 프로젝트에 대해 솔직하게 피드백을 주고받고 어려움도 망설이지 않고 토론하였다. 자신들의 프로젝트에서 잘못된 요인과 개선 아이디어에 대해 열렬히 논쟁하면서 반대 의견도 꺼리지 않고 표명할 때에 프로젝트는 성공 확률이 높았다.

이러한 일터의 문화는 제품이나 서비스의 실패를 피하고 예견할 수 있게 하였다. 구성원들은 심리적 안정감이 높을수록 더 높은 목표에 도전하였다.

일터에는 다양한 문화 형태와 환경이 존재한다. 이곳에 다양한 스타일의 리더와 구성원들이 모여서 조직이 추구하는 목표를 달성해 간다. 그러나 이러한 다양함 속에서 변하지 않는 공통의 가치가 존재한다. 바로 '신뢰'이다. 일터가 외부 환경의 변화 때문에 아무리 다양하고 복잡한 형태로 바뀐다고 할지라도 조직 성공의 근본인 '신뢰의 가치와 중요성'은 바뀌지 않는다.

리더의 품성이 일터의
품위를 결정한다

예의 없는
인간관계가
짝퉁 리더를 만든다

세상에는 어떤 것이든 각기 질서가 있다. 겉보기에는 자유분방해 보이는 것들도 그 속에는 알고 보면 나름대로 기본 질서가 있기에 끊임없는 혼돈 속에서도 평온을 유지할 수 있다. 그렇듯이 빛의 속도로 변화하는 세상을 살아가는 우리의 조직 생활에도 보이지 않는 규칙과 상식이 존재하고 그로써 질서와 안정이 유지되는 것이다. 사생활이든 조직 생활이든 품위 있는 지위를 갖고자 한다면, 사람이 사람을 대하는 기본 예의가 필요하다.

저는 매출 약 1조원의 바이오 케미컬 회사에 다니고 있습니다. 이런 하소연을 해도 되는지 모르겠지만 우리 회사 김영우 팀장 때문에 몇 번이나 회사를 그만둘 생각을 했습니다. 입사 3년째지만 우리 팀장은 여전히 적응이 안 됩니다. 한마디로 가정교육을 제대로 받았나 싶을 정도로 예의가 없고 팀원을 안하무인으로 대합니다.

동료들은 팀장님과 함께 식사를 하려고 하지 않습니다. 우선 음식점에 가면 아직 아무도 손을 대지 않은 반찬을 손으로 집어 먹고는 젓가락을 쭉쭉 빨곤 합니다. 입안에 반찬을 가득 넣고서는 쩝쩝거리면서 반찬이 짜다느니 조미료가 많이 들어갔다느니 투덜댑니다. 우리는 침이 튄 반찬에 젓가락을 대기 싫어서 그냥 밥과 국만 먹습니다. 추가 주문이라도 하려면 소리를 너무 크게 질러 함께 있는 우리는 그냥 고개를 숙이고 맙니다. 국물, 커피는 기본적으로 '후루룩~' 소리를 내야 맛이고 트림은 기본입니다.

이런 사적인 것이 문제가 되는 것은, 일을 할 때에 그 예의 없는 습관이 그대로 나타나기 때문입니다. 팀장은 외근을 하면 어디에서 무엇을 하는지 아무리 급한 전화를 해도 감감무소식입니다. 그러다가 문제가 생기면 연락하지 않았다고 다그칩니다. 전화도 하고 메시지도 남겼다고 하면, "될 때까지 연락해야지." 하면서 야단을 칩니다.

정작 우리가 외근 나가서 전화 한 번 못 받으면 며칠이고 닦달을 합니다. "그따위 근성으로 일하니까 그 모양이지.", "외근한답

리더의 품성이 일터의 품위를 결정한다

시고 어디 가서 뭐하다가 이제야 오는 거야?", "보고서 내일 아침까지 책상 위에 올려놔." 하는 식입니다. 그래서 팀원들은 가능하면 외근을 하지 않으려고 합니다.

어떤 보고를 해도 팀장에게는 성이 차지 않습니다. 보고서나 업무 결과를 제대로 보지도 않고 그냥 툭 한마디 던집니다. "이걸 일이라고 했어? 이게 하루나 걸려? 초등학생도 10분이면 끝내겠다.", "직장 못 구해서 대기하는 사람들 많아. 똑바로 해." 등등. "초등학생한테 시켜 보시지요." 하는 말이 목구멍까지 차오릅니다. 자기 감정을 다스리지 못해 화가 나거나 성에 차지 않으면 고성부터 먼저 터집니다. 상스러운 언어는 기본으로 내뱉습니다. 책이나 보고서 등으로 책상 치는 것은 일상입니다.

그러니 팀원들이 자기 일에 자부심을 가질 수 있나요? 제가 하는 일이 너무 하찮은 것 같아 서글퍼질 때가 많습니다. 요즘은 왜 회사를 다니는지, 어쩌다 이런 상사를 만났는지 가슴이 먹먹해집니다. 친구들은 좋은 상사를 만나 많이 배우고 인격적으로 존중받으면서 지내는데….

예의 없는 리더와 일해야 하는 구성원들은 자칫 화병이 날 수 있다. 못된 시어머니 밑에 있던 며느리가 나중에 더 지독한 시어머니가 된다는 옛 속담이 있던가! 더 두려운 것은 그 리더의 습성을 자신도 모르는 사이에 닮아 간다는 것이다.

함께 어우러져 일해야 하는 구성원들에게 예의를 갖추고 존중하는 태도를 갖는 것은 누구도 아닌 바로 리더의 가치를 높이는 것이다. 바쁘다는 핑계로, 자신만 편하면 괜찮다는 이유로 리더가 지켜야 할 기본 예의를 소홀히 한다면 자신의 품격을 짝퉁으로 만든 꼴이 된다.

많은 것을 알고 있지만 겸허함으로 다른 사람의 마음을 편안하게 해주는 리더, 어떤 이야기에도 비판보다는 이해하기 위해 귀 기울여 주는 리더, 그래서 부끄러운 이야기조차도 부담 없이 말할 수 있는 리더, 상처 받은 영혼을 보듬어 안으며 함께 울어 주는 따뜻한 마음을 가진 리더, 터무니없는 비전이라 할지라도 비웃음보다는 용기와 격려를 아끼지 않는 리더, 사소한 행동에도 진정을 담은 칭찬과 고마움을 표현하는 리더, 자신의 인격만큼이나 다른 사람의 인격을 지켜 주는 리더, 이런 리더들에게서 우리는 품위 있는 인격의 향기를 느낄 수 있다.

다른 사람의 인격을 짓밟는 리더가 존경 받을 수 있을까? 그런 리더에게 일시적인 영광이 드리워진다 해도 그것은 모래 위에 성을 쌓는 것과 같을 뿐이다.

리더의 품위는 예의를 지키는 데서 비롯된다. 예의 있는 행동은 자본은 들이지 않으면서도 그 사람의 품격을 격상시켜 준다.

품위 있는 당신의 행동은 조직 생활에서 값으로 따질 수 없을 정도로 아주 귀한 보석과 같은 것이다. 지금 잠시 흐트러져 있다면 자신을 가다듬어야 할 때이다.

리더의 품성이 일터의 품위를 결정한다

구성원의 잠재력이
리더의
능력이자 성과이다

사람은 누구나 생김새가 제각각이듯이 재능 또한 각양각색이다. 달팽이가 느리다고 해서 자신의 목적지를 모른다거나 도착하지 못하거나 가는 방향을 잃어버리지는 않는다. 식물은 알맞은 시기가 되면 저마다 개성 있는 꽃을 활짝 피우고 열매를 맺는다. 각각의 형편에 맞게 피고지는 꽃들과 나무들을 통해 자연은 매년 봄 여름 가을 겨울마다 다른 색깔을 우리에게 선물한다. 그렇듯이 조직에서도 리더가 함께하는 구성원들의 형편과 능력을 제대로 알고 인정하면 다양한 개성 속에서 피어나는 성과의 열매를 만끽할 수 있다.

신중희 주임이 처음 회사에 입사했을 때, 그의 주요 업무는 프로그램 개발과 교육 진행이었습니다. 그가 입사한 컨설팅 회사는 규모는 크지는 않지만, 글로벌 평가기관의 지사였기 때문에 나름 명성이 있는 회사입니다.

그의 사내 멘토는 교육컨설팅 본부를 맡고 있던 조월래 본부장이었습니다. 조 본부장은 평소에 말수가 적은 편이지만, 사내에서 '복지부 장관'이라고 불릴 정도로 구성원들의 가려운 곳과 고충을 잘 해결해 주는 멋진 상사였습니다.

신 주임의 업무 스타일은 꼼꼼하기는 하지만 육중한 몸무게만큼이나 속도가 느렸고, 거듭 생각하고 실행하는 성격이어서 결론을 빨리 내리지 못하곤 했습니다. 처음 1년 동안은 본부장이 직간접으로 부족한 부분을 보완해 주거나 외부 교육을 보내 주었습니다.

컨설팅 회사는 특성상 프로그램 개발, 마케팅 등 업무가 신속히 처리되어야 하지만 신 주임이 속도를 따르지 못하자, 신 주임 소속의 팀장은 회사 측에 팀원 교체를 요청했습니다.

그러나 본부장은 1년 동안 신 주임을 지켜보면서 그가 행동이 좀 느리지만 꾸준히 노력하고 배우려는 장점이 있다는 것을 파악하고 있었습니다. 신 주임이 2년 차가 되던 때에 조 본부장은 그가 회계 쪽 업무에 더 합당하다는 판단을 내렸습니다. 그래서 신 주임에게 마침 회계 업무를 잘하는 사람이 필요한데 일을 배우겠느냐고 의견을 물었습니다.

신 주임은 한 번도 회계 관련 일을 하거나 대학 때 강의조차 들

리더의 품성이 일터의 품위를 결정한다

어 본 적이 없어서 두려움이 컸지만, 본부장의 안목을 믿고 해보겠다고 했습니다. 그날부터 신 주임은 야간 회계 학원을 다녔고, 동시에 회사의 회계 업무를 맡아서 본부장의 지도에 따라 하나둘씩 업무를 처리해 나갔습니다.

그러면서 그는 자신에게 회계 업무가 적격이라는 새로운 사실을 알게 되었습니다. 날마다 하나하나 회계 지식을 습득해 가는 과정이 점점 재미있어졌습니다.

신 주임에게 조 본부장은 자신의 숨은 재능을 알아봐 준 더없이 자상한 코치이자 상사입니다. 이제는 다른 직원들도 신 주임에게 재정 관련 일을 믿고 맡기고 도움을 청합니다. 그는 자신이 늘 사실에 근거해서 이야기하며 솔직하게 이야기하는 장점을 본부장이 잘 알아봐 주었다고 지금도 자랑스럽게 이야기합니다.

리더가 구성원 개인의 능력과 잠재성을 잘 파악하기는 쉽지 않다. 전체 관리도 해야 하고, 자신의 일이 산더미처럼 쌓여 있고, 윗사람에게 치이고, 회사 목표 달성에 눌려 살기 때문에 아무리 마음이 있다고 해도 구성원을 일일이 챙길 수 없는 경우가 많다.

평범한 리더는 이런 변명을 방패 삼아 구성원들에 대해 깊은 관심을 갖지 않는다. 리더가 자신의 과도한 업무를 줄일 수 있는 유일한 길은 구성원들에게 일을 과감하게 위임하는 것이다.

그렇게 하려면 구성원들의 탁월한 능력과 부족한 면이 무엇인지, 그것이 조직의 목표 달성에 어떤 영향을 미치는지 분석할 수 있는 안목을 갖춰야 한다.

훌륭한 리더는 구성원들의 능력 프로파일을 꼼꼼하게 기록하고 그것을 적재적소에 활용한다. 이러한 리더와 함께하는 구성원은 평소에 보이지 않던 능력까지 잘 발휘해낸다.

구성원의 능력을 탓하기 전에 그들의 능력을 제대로 알지 못했다고 반성하는 리더, 실수를 하면 야단치기보다는 무엇이 문제였는지 되짚어 보는 리더, 부족한 부분은 함께 고민하면서 해결해 가는 리더, 그런 리더에게서 빛나는 능력자들이 탄생한다.

다른 사람의 능력과 비교하면서 구성원의 기를 죽이는 리더가 되어서는 안 된다. 능력의 차이는 인정하되 그것으로 사람 자체를 차별해서도 안 된다. 자신의 능력이 다른 사람과 비교되는 순간, 조직 내에 우열이 생겨나고 분열과 갈등이 번지게 된다.

한 분야의 능력이 탁월하다고 해서 조직의 모든 분야에 기여하는 것은 아니다. 저마다의 특성을 좀 더 세밀하게 관찰한다면 누구 하나 버릴 것이 없는 게 세상 이치이다. 저마다 태어나 자라고 그 자리에 있는 것에는 나름대로 이유가 있다.

설령 아무것도 하지 않는 것처럼 보이는 사람도 자리를 비우면 톱니바퀴가 제대로 돌아가지 않는 법이다. 구성원이 가지고 있는 능력의 높낮이를 이해하고 인정하며 제대로 활용할 줄 아는 리더는 훨씬 수월하게 성과를 창출해 갈 수 있다. 지금 당신 곁에 있는 구성원들의 재능과 잠재성을 리더인 나는 얼마나 깊이 알고 있는지 자문해 보자!

미다스의 손은
상대를 배려할 때
시작된다

사람은 스스로 살아 나가야 하지만 또한 더불어 살아가야 하는 것이 이 세상이다. 혼자서 헤쳐 나가야 하는 줄 알지만, 나의 고충을 알아주고 도와주는 누군가의 존재를 느낄 때 우리는 큰 축복과 같은 힘을 얻는다. 어떤 어려움이 닥쳐 출구가 전혀 보이지 않을 때가 있다. 절망의 끝에 섰을 때, 따뜻한 말 한마디와 차 한 잔은 바닥을 차고 올라갈 큰 용기를 준다. 일터에서도 마찬가지이다. 기획 프로젝트가 실패했을 때, 성과를 못 채웠을 때, 마감을 못 지켰을 때, 구성원들은 절망과 질책 당할 걱정에 한숨이 깊어진다. 그때 누군가가 노력한 진정성을 인정해 주고 토닥여줄 때, 다시 일어설 수 있는 용기가 생긴다. 혼자가 아니라는 생각에 가슴이 뭉클해지며 큰 위로가 된다.

김영주 매니저는 이름만 들으면 누구나 알 만한 주류 회사에 다니고 있습니다.

입사 7년째를 맞은 김 매니저는 1년 전에 새로 온 강우진 팀장 때문에 심한 스트레스 증세를 보이고 있습니다. 자신뿐만 아니라 다른 팀원들도 얼굴에 웃음이 사라진 지 오래됐고, 서로 대화를 나누는 시간도 급격히 줄었습니다.

김 매니저가 속한 전략기획팀은 회사 전반의 사업 현황과 각 본부의 추진 현황 등을 관찰하고 상황 추이를 분석하는 중요 업무를 하는 팀입니다. 이전의 팀장은 기획안을 꼼꼼히 살펴보고, 임원 회의에서 보고에 문제가 생기더라도 자신이 책임을 졌기 때문에 팀원들이 오히려 미안하게 생각할 정도였습니다. 그런데 그가 임원으로 승진하면서 김 매니저와 팀원 6명은 지금의 강우진 팀장과 일하게 되었습니다.

강 팀장이 온 이후로 눈에 띄는 변화가 하나 있다면 우선 팀원들이 아파서 병가를 낼 때도 죄를 지은 것처럼 전전긍긍하게 되었다는 것입니다. 퇴근 시간 직전에 새로운 업무 지시를 할 뿐만 아니라 보고서를 제출해도 제대로 읽어 보지도 않고 야단부터 칩니다. 업무 회의에서 지적 사항이라도 나오면 그날 팀원들은 모두 초상 치르는 날입니다.

또 업무 방향을 수시로 바꾸어서 팀원들이 어느 장단에 맞추어야 할지 몰라 갈팡질팡하게 만듭니다. 어떤 일이든 결과가 좋지 않으면 팀원들을 쓸모없는 사람으로 취급합니다.

리더의 품성이 일터의 품위를 결정한다

얼마 전 김영주 매니저는 팀장에게 면담을 요청했습니다. 직원들의 마음과 고충을 조금만 더 헤아려 주시면 고맙겠다는 이야기를 했을 때, 팀장은 대뜸, "내가 직원들 가려운 곳 긁어 주는 사람이냐?"며 화를 냈습니다. "꼭 일 못하는 것들이 리더가 고충을 해결해 주지 않는다고 얘기하더라. 내가 팀원 수준에 맞춰야 돼? 그래서야 전략기획팀이 제대로 인정받겠어?"

"그러면 팀장님 수준은 굉장히 우월하다고 생각하십니까? 결국은 우리가 만든 자료 그대로 읽어 보지도 않고 보고하면서 칭찬 받을 때는 자신의 공이고, 지적 받을 때는 팀원 탓하는 게 팀장의 자리인가요?"라는 말이 목구멍까지 치밀어 오르는 것을 겨우 속으로 삼켰습니다.

구관이 명관이라는 옛말 틀린 것 하나도 없는 것 같습니다. 상사 때문에 김 매니저는 요즘 정신과 치료를 받아야 할 만큼 매사에 신경이 곤두서 있고 동료들에게도 짜증을 내게 됩니다. 이렇게 변해 가는 자신이 싫어 이직도 생각했지만, 가족이 있어 선뜻 나서기가 쉽지 않습니다.

대부분의 리더는 알고 보면 평범하고 좋은 사람들이다. 일터에 별다른 이변이 없을 때는 구성원들을 잘 챙기기도 하고, 애로 사항도 듣고 해결해 주는 모습을 보인다.

그런데 조직의 경영 상황이 예상치 못하게 급변하거나 자신의 위치가 흔들린다고 느껴지는 순간이 닥치면 함께하는 구성원들을 먼저 배려하며 힘을 실어 주는 행동을 하기가 쉽지 않다. 그것은 리더이기에 앞서 하나의 인간으로서 느끼는 본능적인 위기감 때문이다.

사람은 누구나 자신의 위치나 상황이 위기라고 느끼는 순간이 되면 지극히 이기적이고 개인적인 성향으로 바뀐다. 이런 현상은 인간의 자기 보호 본능이기 때문에 어쩌면 당연한 것이다.

언제나 다른 사람의 어려움을 헤아리고 보이지 않게 힘이 되어 주는 지원형 리더십은 꾸준한 자기 성찰과 노력이 있을 때 자연스럽게 우러나오는 모습이다.

한 번 생각해 보자. 자신의 행위가 누군가에게 보이지 않는 힘이 되고 격려가 되며, 그들이 더 성장하고 나아갈 수 있는 원동력이 되고 있다면, 당신은 이미 미다스의 손이나 마찬가지이다. 자신의 손끝을 스쳐 가는 사람마다 빛을 발할 때, 당신은 이미 자신의 인생과 일터에서 주인공이 되어 있을 것이다.

리더의 품성이 일터의 품위를 결정한다

긍정적인 신데렐라가
멋진 인생의
주인공이다

동화 속 주인공 '신데렐라'는 그저 우연한 기회에 행복을 차지한 행운
녀가 아니다. 시대를 막론하고 그녀만큼 긍정적인 태도로 절망의 늪
을 헤쳐 나간 사람도 드물다. 그녀가 계모에게 구박 받고 이복 자매
의 괴롭힘에 시달리는 순간에도 절망하지 않을 수 있었던 이유는 자
신의 꿈이 언젠가 이루어지리라는 희망이 있었기 때문이다. 그녀는
결코 환상을 꿈꾸거나 현실을 도피하거나 원망하지도 않았다. 자신
만 두고 세상을 떠난 엄마를 원망하지도 않았다. 그런데도 많은 사람
이 신데렐라의 진정한 의미를 왜곡하고 있다. 그녀가 매력적이고 예
뻤기 때문에 왕자에게 선택 받은 행운녀라고 착각한다.

은행에 근무하는 올해 42살 차기수 지점장은 본사에서 10년 넘게 근무하다가 강원도의 한 지점으로 발령을 받았습니다.

본사에 있을 때 그는 지점장들은 본사와 떨어져 있어서 아무래도 게으르고 자기중심적인 태도로 지점을 운영을 하기 때문에 갈등이 많이 생긴다고 생각했었습니다. 그런데 막상 본인이 지점장으로 발령 받아서 와 보니 업무 환경 자체가 열악하기 그지없었습니다.

차 지점장은 고객에게 앵무새처럼 똑같은 이야기만 반복하는 직원들의 억지웃음을 진정한 미소로 바꾸고 싶었습니다.

그래서 지점 발령 신고식을 직원들의 가족에게 먼저 했습니다. 직접 정성스러운 편지를 준비해 11명 직원의 부모 또는 배우자에게 보냈습니다.

"가족들께서 소중하게 여기시는 ○○○대리와 함께 일하게 된 차기수 지점장입니다. 제 가족처럼 존중하고 소중하게 생각하며 잘 보살피겠습니다…(중략)"

차 지점장은 지금까지의 여느 상사와는 전혀 다른 행동을 했습니다. 언제나 긍정적인 마인드로 직원들의 이야기를 들어주고, 고객 불만을 해결한 직원들에게 늘 수고했다는 인사를 잊지 않았습니다. 지점 매출 목표와 영업 방향에 대해 회의할 때는 현실적인 기준으로 진행했습니다. 특히 일방적인 지시가 아니라 늘 "이렇게 해보면 어떨까요?"라고 의견을 물었습니다.

처음에는 적응을 못하던 직원들도 차츰 자신의 의견이 받아들여지고 실행되는 것을 보자 더욱 업무에 몰입하게 되었습니다. 고

리더의 품성이 일터의 품위를 결정한다

객을 직접 상대하는 담당자들에게도 늘 믿음과 격려를 아끼지 않았으며 직원들의 업무 범위 안에서 결정권을 위임해 주었습니다. 그러면서도 해결되지 않는 큰 문제는 지점장이 솔선수범해서 이끌어 주었습니다.

직원들이 지역 사회에서 겪는 어려움에 대해서는 절대 공감하고 본사와도 적극적으로 소통하면서 필요한 지원을 받아냈습니다. "세 사람이 모이면 나라도 세운다."고 하면서 늘 강한 팀워크를 강조하는 지점장의 일관성 있는 노력과 긍정적인 태도는 점점 직원들에게까지 물들었습니다.

본사에서 보험 관련 매출 목표가 내려왔을 때, 직원들은 이런 외진 지방에서 어떻게 목표를 달성해야 할지 좌절하고 있었습니다. 그때 차 지점장은 명쾌한 한마디를 했습니다. "해보지도 않고 환경과 여건만 탓하며 손 놓고 있기에는 우리가 너무 젊잖아요? 지금 중요한 것은 목표 달성보다 최선의 방법을 찾아서 실행해 보는 것 아닐까요? 그래서 나는 목표 달성보다 최고 노력을 시도해 보는 것이 우리 지점의 목표라고 생각합니다."

직원들은 지점장의 눈물겨운 노력에 마음이 움직였고, 그를 돕기로 했습니다. 그런데 자신들의 노력이 조금씩 결실을 보이자 지점장을 위해서가 아니라 스스로 한계에 도전하고 싶은 욕심이 생겼고, 서로 선의의 경쟁과 격려를 하면서 지점 업무에 도전하게 되었습니다.

그 결과 250개 지점 중 230등 내외의 실적으로 이름 없었던 강원도의 한 지점은 차기수 지점장이 부임한 지 8개월 만에 상위 15등을 하는 기염을 토해냈습니다.

직원들은 인터뷰를 하면서 이런 이야기를 했습니다. "리더의 생각과 행동은 함께 일하는 직원들에게 자연스럽게 전염됩니다."

차기수 지점장은 진정한 의미의 신데렐라이다. 지금의 조직 생활이 어둡고 힘들다고 느껴진다면, 변방으로 좌천되었던 차기수 지점장을 떠올려 보자.

10년이 넘게 변하지 않는 절망적인 환경 속에서도 꿈과 희망을 잃지 않고 날마다 자신에게 긍정의 에너지를 불어넣었던 신데렐라도 있다. 하소연을 들어줄 친구라고는 생쥐밖에 없었던 신데렐라에 비하면 당신의 상황은 그리 절망적이지 않다.

당신에게는 용기와 위로를 아끼지 않는 친구가 있다. 당신의 고민을 함께 나눌 수 있는 가족이 있다. 위선과 체면을 버리고 자신의 진정한 자아, 긍정의 바다를 항해한다면 당신은 멋진 인생을 꿈꿀 수 있다. 당신 인생의 주인공은 바로 자신이다.

침체되어 있는 조직 생활에서 자신을 드높일 수 있는 유일한 방법은 긍정 에너지이다. 그것은 누가 만들어 주는 것이 아니라 자신이 직접 만들어내는 에너지이다.

스스로는 항상 사기를 북돋고 윗사람에게는 고마움을 전하며 아랫사람을 배려하는 자세로 행동하다 보면 당신은 어느새 주변 사람들에게 등대와 같은 존재가 되어 있을 것이다.

리더의 품성이 일터의 품위를 결정한다

다 섯 번 째

남 탓 아닌 내 탓이
단단한 뿌리를
만든다

'누군가를 책임진다'는 것은 그의 삶이 행복해질 수 있도록 진정으로 도와주는 것이다. '자신의 행동에 책임진다'는 것은 결과가 어떻게 나오든 모든 원인은 자신에게 있다는 것을 인정하는 것이다. 흔히, 사람들은 어떤 일의 결과가 좋으면 모두 자신 때문인 것처럼 자랑하지만, 막상 결과가 좋지 않으면 다른 사람이나 환경 탓을 한다. 때로는 주변의 상황을 모두 고려하여 최선이라고 생각하는 결정을 내렸지만 결과가 좋지 않은 경우도 있다. 그러나 돌이켜 보면 그 상황도 자신이 만들었으며, 그 끝의 좋고 나쁨도 자신의 몫이다.

최수영 씨는 업계에 꽤나 알려진 건축 인테리어 회사에 다니고 있습니다. 그녀는 요즘 윗사람 때문에 자신이 좋아하는 업무조차 싫어지고 짜증이 납니다. 담당 업무가 적성에 맞아 열심히 하지만, 좋은 성과는 손가락 하나 까딱하지 않은 윗사람의 몫이고 나쁜 결과는 그녀의 책임으로 돌아오기 때문입니다.

어느 날 상사는 막 퇴근하려던 최수영 씨를 부르더니 아주 급하다며 모레까지 고객사에 보낼 인테리어 설계 제안서를 쓰라고 지시하고는 퇴근해 버렸습니다. 황당하기 짝이 없었습니다. 지금 하고 있는 일도 과부하가 걸려 야근을 밥 먹듯이 하다가 모처럼 가족과 외식하려던 참이었으니까요. 구성원의 사생활은 아랑곳하지 않고 이렇게 갑자기 일을 던져 주고 가 버리다니… 한두 번도 아니고 너무하지 않습니까?

그러나 문제는 정작 그 다음이었습니다. 제안서를 쓰는 데 필요한 구체적인 내용이나 자료에 대해서는 일언반구도 없었고 그녀가 제안서를 쓰는 동안 상사는 얼굴 한 번 비치지 않았습니다. 매우 중요한 제안서라면서 전혀 신경도 쓰지 않았습니다.

아마도 자신의 능력을 믿어서 그럴 거라고 애써 마음을 달랬습니다. 최수영 씨는 입사한 지 3년이 넘어서 그렇다고 치더라도, 신입사원에게까지 이런 식으로 일을 시키는 걸 보면, 직원의 능력을 믿는다기보다는 무책임이 크다는 생각이 듭니다.

결국 최수영 씨는 이틀이라는 짧은 시간에 관련 부서 문턱이 닳도록 들락날락하며 정보도 얻고, 온갖 방법을 동원해서 상사가

리더의 품성이 일터의 품위를 결정한다

지시한 제안서를 완료했습니다.

그제야 나타난 상사는 최수영 씨가 완성한 제안서를 들고 임원실로 향했습니다. 물론 수고했다는 말은 기대도 하지 않았습니다.

다행히 임원은 제안서가 만족스럽다며 상사를 칭찬해 주었나 봅니다. 그 제안서로 인해 우리 회사의 첫 번째 다국적 기업 대형 프로젝트를 수주하게 되었으니 말입니다. 그런데 상사는 이 모든 일을 자신이 한 것처럼 떠들고 다닙니다. 심지어 외부 거래처에서도 그렇게 말합니다.

최수영 씨는 무책임하고 자기 생색 내기로 일관하는 상사 때문에 요즘은 일할 의욕이 나지 않습니다. 일을 하면 할수록 얄미운 상사가 잘되기 때문이지요. 그녀는 요즘 다른 부서로 이동을 요청하거나 심지어는 회사를 그만둘까 고민 중입니다.

일터에서 다른 사람의 업적을 가로채는 일은 허다하다. 특히 직위가 높은 사람이 아랫사람의 업적을 가로채 갈 때는 힘없는 쪽이 당할 수밖에 없다. 업무 성과를 가로챌 뿐만 아니라 근거 없는 험담으로 다른 사람의 인격에 상처를 내는 일도 흔히 볼 수 있다.

구성원들과 인터뷰를 해보면 '책임감 강하고 솔선수범하는 리더'와 함께 일하고 싶다는 말이 꼭 나온다.

그렇지만 무책임하게 남의 탓만 하는 사람은 주변 상황에 냉소적이다. 이제 가족도 동료도 모두 사사건건 찬물만 끼얹고, 일은 너무 고되고, 주변에서 늘 핀잔만 주는 것 같고, 집을 장만할 날은 아득하기만 하다는 생각은 잠시 접어 두자.

내가 알기를 많이 아나, 조상을 잘 만나 물려받은 재산이 있기를 하나, 백이 든든해서 승진이 빠르기를 하나 하고 자주 남을 탓하는 사람도 멀리하자.

자신에 대한 변명, 정당화, 방어, 그리고 잘난 체하는 리더는 인생을 제멋대로 사는 무책임한 사람이다. 그들로 인해 스트레스 받으면서 당신의 정신 건강을 해치지 말고, 적당한 거리를 두어야 한다. 대신에 어렵고 힘든 상황에도 자기 행동에 책임질 줄 아는 리더를 가까이하면 당신은 자신도 모르는 사이에 책임감 강한 사람으로 바뀌게 된다.

리더의 품성이 일터의 품위를 결정한다

여 섯 번 째

공공의 적이 되는
지름길은
비교이다

살다 보면 때때로 자신의 처지를 남과 비교해 볼 때가 있다. 자신이
남보다 나으면 자만심이 생기고 우쭐대지만, 남보다 못하면 열등감
에 사로잡힌다. 남들과 비교하는 마음이 생기기 시작하면 모든 사람
을 싸워 이겨야 하는 경쟁자로 삼는다. 남들과 경쟁할 때 자신에게
는 관대하고, 남에게는 엄격한 잣대를 적용하게 된다. 나에 대한 관대
함과 남에 대한 인색함의 이중 잣대에 익숙해지면 자신의 인생은 불
행해진다. 비교하는 인생은 가장 큰 적이 자기 자신이라는 것을 잊은
채 남 탓만 하는 비극을 낳는다.

김남혁 과장은 자동차 부품 생산 업체에 다니고 있습니다. 그의 소속 팀에서는 매일 아침 모닝 티타임을 갖습니다. 팀장은 티타임 활동이 부서에 활력을 불어넣는다고 생각합니다. 또한 자신이 추구하는 방향을 구성원들에게 알리는 시간이라고 생각합니다.

회사 근무 시간은 오전 8시 반부터 오후 5시 반까지입니다. 그런데 팀장은 티타임을 위해서 아침 8시까지 출근하라고 강요합니다. 밤새 야근하고 출근하는 직원도 예외가 없습니다.

어쩌다 누군가가 1분이라도 지각하는 날에는 온종일 잔소리들을 것을 각오해야 합니다. "다른 사람은 놀고 지내서 일찍 오나.", "이런 것도 못 지키니까 김 대리한테 밀리지.", "다른 사람에게 도움 주는 것도 없으면서 시간이라도 제대로 지켜야지." 한번 지각하면 마치 팀의 모든 문제가 그 사람 탓인 것처럼 말합니다.

퇴근 시간 역시 규정보다 한두 시간 더 일하기를 바랍니다. 그래서 별로 할 일이 없어도 잡무를 하면서 밤 늦게까지 사무실을 지켜야 합니다.

하루는 김남혁 과장이 퇴근 시간 이후에 사내에서 탁구를 치고 있었는데, 팀장한테서 전화가 왔습니다. 탁구 게임을 멈추고 곧장 달려갔습니다. 그런데 팀장은 그때부터 김 과장을 다른 사람과 비교하기 시작했습니다. "남들은 힘들게 일하고 있는 시간에 탁구나 치고 있을 때야?", "과장이 그렇게 하는데 밑에 직원들이 뭘 배우겠어?", "옆 부서 최 과장 좀 봐라. 사무실 불이 꺼지지 않는

리더의 품성이 일터의 품위를 결정한다

다. 그렇게 하니까 성과가 나지." 팀장은 퇴근 시간 이후에도 자신이 자리를 지키고 있는 한 다른 사람들도 자리에 앉아 있기를 바랐던 모양입니다.

그렇다고 김 과장이 할 일을 하지 않고 운동을 한 것은 아닙니다. 근무 외 시간까지 간섭하면서 다른 사람과 비교하는 팀장이 몹시 불쾌하게 느껴졌습니다.

김 과장은 나름대로 조직에서 인정받는 사람입니다. 그런데 지금의 팀장과 같이 일하면서 자신이 한없이 부족하고 작아지는 느낌입니다. 다른 팀원들도 비슷한 생각을 하고 있습니다.

더 참을 수 없는 것은 회의할 때에 수시로 말을 바꾸는 것입니다. 팀장의 마음에 들지 않을 경우, 다른 사람에게 일을 넘기라면서 질책합니다. 그 일을 넘겨받는 팀원이나 질책을 받는 팀원이나 모두 불편한 마음이 드는 건 당연합니다.

다른 부서나 팀원과 비교하면서 핀잔을 주기보다는 프로젝트 성격이 강한 업무를 하는 팀 특성을 고려해서 팀원을 믿어 주고 자율적으로 업무에 임할 수 있도록 배려해 주어야 더 좋은 결과가 나온다는 것을 모르는 것 같습니다. 그렇게 다른 부서 직원의 능력이 부러우면 그리로 가면 될 것을 말입니다.

다른 사람과 비교하면서 비난하거나 질책하는 것은 실패에 대한 두려움이 크기 때문이다. 사람은 실패를 거듭하다 보면 남을 원망하고 깎아내린다. 다른 사람을 원망하는 순간, 자신의 불행이 시작된다. 다른 사람과 경쟁하는 삶에는 자만과 패배, 열등감만이 존재한다.

지금 당장 다른 사람과 비교하는 습관을 버려야 한다. 자만심이나 열등감을 안고 살아가기에 우리는 할 일이 너무 많다.

비교하며 책망만 하는 주변 사람에게 흔들려서는 안 된다. 자신을 빗대어 비난하는 사람들의 생각에 자신의 그릇을 맞출 필요는 없다. 조직에 존재하는 모든 사람은 나름의 의미와 쓰임새를 가지고 있다.

조직은 절대로 쓸모없는 인재를 뽑지 않는다. 업무 성과가 꼴찌라고 해서 인생 자체가 꼴찌는 아니다. 진정으로 조직에 의미 있는 기여를 하는 사람들은 성과 순위보다는 자신의 의지를 더 소중하게 여긴다. 그런 사람은 다른 사람과 비교하는 것에 시간을 허비하지 않으며 늘 자신의 게으름과 인색함에 도전한다.

리더의 품성이 일터의 품위를 결정한다

화가 선이 될 때
행복이
찾아온다

화는 마음에 악을 쌓아 간다. 한 번의 화는 열 번의 선을 순식간에 무너뜨리는 강력한 힘이 있다. 순간의 화가 일상의 기쁨과 행복을 빼앗아갈 수도 있다. 화는 사소한 일에서 생겨난다. 다른 사람이 자신의 생각을 따라 주지 않거나 틀렸다고 지적하고, 노력은 몰라 주고 결과만으로 질책 받을 때 사람들은 마음에 상처를 입고 더 나아가 이것이 화로 번진다. 신기하게도 나쁜 일은 좋은 일보다 훨씬 빨리 퍼져 나간다. 마음속의 화 또한 번지는 속도가 매우 빠르다. 그 뿌리도 잡초처럼 질겨서 한 번 박히면 쉽게 뽑히지 않는다. 그래서 화는 또 다른 화를 불러일으키게 된다.

저는 게임 프로그램을 개발하는 소프트웨어 회사에 다니는 김신형입니다. 이전에 국내에서 꽤 알려진 큰 회사에서도 일해 봤지만, 지금 이 회사에 5년째 근무하면서도 행복하고 즐거운 이유는 우리 회사의 조미성 대표 때문입니다.

전문 프로그래머 출신이라 언뜻 생각하면 고집스럽고 융통성이 없을 것 같지만, 우리 대표는 천성이 착한 사람 같습니다.

직장인들 사이에는 "조직에서 제일 성격이 안 좋은 사람이 CEO다. 성격이 지랄 같아야 승진할 수 있다."고 하는 웃지 못할 말도 회자되곤 합니다. 그렇게 따지면 조미성 대표는 말단 사원으로 평생 동안 지내야만 할 것 같습니다.

우선 조미성 대표는 감정을 폭발시키는 일이 없습니다. 고객에게 엄청난 불만이 제기되어 손실을 본 경우에도 소리를 지르지 않습니다. 모두가 숨죽이고 있을 때, 대뜸 '실패 파티Failure party'를 벌입니다. 담당 부서의 직원들이 얼마나 마음고생이 많았을지 안다면서 커다란 케이크를 준비해 와서 함께 힘내자고 격려합니다. 경직된 분위기에서 질타하면서 실패한 원인을 분석하는 것이 아니라, 다음 성공을 위해 가볍게 파티를 하면서 서로 이야기를 주고받는 환경을 만들어 줍니다.

업무를 추진할 때도 먼저 직원의 고충을 미리 헤아리고 마음 편하게 일할 수 있게 신경을 씁니다. 우리 회사 직원은 약 80명인데, 조미성 대표는 직원 개인의 가족 관계, 배우자나 자녀들의 이름까지 다 알고 있습니다. 그래서 인사를 나눌 때는 마치 나를 가

리더의 품성이 일터의 품위를 결정한다

장 잘 아는 친구와 인사하는 것처럼 느껴집니다.

바쁜 업무에 고군분투하는 과정에서도 시간의 절반은 가능한 한 직원을 위해 남겨 두는 대표 때문에 신규 입사자는 입사 일주일 내내 파티라는 기분 좋은 시달림을 당합니다.

첫 출근 때 발자국 밟기 파티를 하면서 자기 자리를 찾아갑니다. 그때 조용히 앉아 있던 직원들이 벌떡 일어나서 신입사원의 이름을 외치며 박수 세례를 퍼붓습니다. 점심시간에는 일주일 내내 단체 나들이를 갑니다. 부서들이 서로 돌아가면서 하기 때문에 다른 부서 직원과도 저절로 친해집니다.

이러한 환영 파티는 조미성 대표가 직접 만들었고 또 10년 동안 계속되고 있는 우리 회사의 전통이 되었습니다. 조미성 대표 본인은 정작 그다지 활달한 성격은 아닌데, 우리 회사를 프로그램 개발 회사이기보다는 직원들이 즐겁게 생활하는 공간으로 만들기 위해 직접 나섭니다.

대학 졸업 후 대기업 몇 군데를 다니면서 상사, 동료, 후배까지 사방에 눈치 봐야 할 사람이 천지였던 때를 가끔 떠올립니다.

비록 월급이나 복리후생은 이전 직장보다 낮지만 조미성 대표를 만난 뒤, 개성을 살리면서 나답게 행동하고 생각하는 멋진 사회인이 되어 가고 있습니다.

어떤 회사에서 '혁신은 내가 먼저', '혁신은 나부터, 지금부터, 작은 것부터'라는 슬로건을 내걸었다. 이러한 문구는 화장실, 복도,

사무실 등 사람들의 눈길이 머물 수 있는 곳이면 어디든지 붙어 있었다. 그런데 이 슬로건이 걸린 지 일주일도 지나지 않아 매직과 볼펜으로 '혁신은 너가 먼저', '혁신은 너부터, 나중에, 큰 것부터'라는 문구로 고쳐지기 시작했다.

상처받은 사람들의 화가 모이면 이처럼 집단 냉소주의를 몰고 온다. 사람들은 화의 원리를 잘 알고 있으면서도 매 순간 화를 내고 상대의 화를 돋우는 행동을 스스럼없이 하곤 한다. 화가 깊어지면 스트레스가 되고 스트레스는 사람의 혈압을 높인다. 혈압은 또 다른 병으로 이어진다. 마음의 병은 육신의 병으로 옮겨지거나 심신을 허약하게 만든다.

화나는 마음을 선으로 바꾸려고 노력해 보자. 질투와 미움이 싹틀 때는 잠시 그 자리를 피하자. 감정의 높낮이는 모두 마음 먹기 나름이다. 분노와 기쁨은 자신의 내면에서 충분히 통제할 수 있는 감정이다. 감정의 선택은 스스로 하는 것이다.

스스로 행복을 느끼려고 애를 쓰면 행복은 달콤한 향기를 풍기며 가까이 다가올 것이다. 화는 쫓아 버리고 선을 가까이하자. 그러면 분명 행복을 느낄 수 있다.

리더의 품성이 일터의 품위를 결정한다

신뢰받는 리더가 되는 길

1 일관성 있게 행동하라

어떤 관계에서든 일관성 있는 행동을 하지 않으면 신뢰를 쌓을 수 없다. 성실하다는 것은 상황이 좋건 나쁘건 간에 평소 생각과 행동이 변함없이 반복된다는 것을 뜻한다. 일터에서 리더가 일관된 성실성을 보이기는 쉽지 않다. 평소에는 평정심을 유지하던 리더도 자신에게 불리하거나 결과가 만족되지 않는 압박 상황에서는 습관화된 행동이 튀어나온다. 그러면 구성원들은 어느 장단에 맞추어야 할지 몰라 갈팡질팡하고 급기야 리더를 신뢰하지 못한다.

2 불편한 진실도 정직하게 피드백 하라

사람은 온전히 정직하기는 어렵다. 때로는 변명으로 상황을 벗어나야 할 때도 있다. 그때는 정직하다고 생각했지만, 시간이 지나면 사기꾼처럼 비칠 때도 있다. 리더가 신뢰를 얻기 위해서는 상대가 불편하게 느낄지라도 진솔한 피드백을 주고받아야 한다. 처음에는 불편하게 느껴지지만, 겉치레 칭찬보다는 진솔하고 엄격한 꾸짖음이 구성원들의 성장에 약이 된다.

3 예외 없는 공정한 잣대를 세워라

똑같은 상황인데도 리더가 기분이 좋을 때는 너그럽다가도 기분이 상하면 인색해지는 경우가 있다. 공정한 잣대로 구성원들의 조직 생활을 바라보지 않으면, 구성원들은 리더가 특정인을 편애한다거나 불공정한 행동을 한다고 생각하게 된다. 이런 생각이 깊어지면 구성원들은 리더의 평가에 대해 의구심을 갖게 되며 적극적으로 업무에 몰입하지 않게 된다.

4 소명 의식을 가져라

리더의 책임감과 솔선수범은 수천 번을 강조해도 부족하지 않다. 좋은 결과에 대해서는 구성원들에게 공을 돌리고 실패에 대해서는 스스로 책임지는 리더를 만날 때, 구성원들은 상사를 위해 짚 섬을 안고라도 불길로 뛰어들겠다는 각오를 한다. 리더는 다른 사람의 성공과 성장을 도와주는 아주 특별한 사람이다. 구성원의 성공을 위한 자신의 소명 의식이 강한 리더가 몸담고 있는 조직은 탁월한 성과를 창출한다.

5 확고한 도덕성을 유지하라

자신의 약속을 지키기 위해 노력하는 리더를 볼 때 구성원들은 믿음을 갖게 된다. 구성원들에게는 규정과 규범을 강조하면서 정작 본인은 정도를 지키지 않을 때, 구성원들도 윤리성을 잃어버리게 된다.

PART 2

조직의 주인공은 95%의 양심적인 사람들이다

입 밖으로 나온 말은 좋든 싫든 전염되는 힘이 있다

구성원의 성취감이 조직의 근간이다

정확한 의사 표현이 돛단배의 방향을 정한다

열정은 절망을 두려워하지 않는다

가장 효과적인 에너지는 격려와 갈채이다

시간을 존중하는 문화가 열정 일터의 첫걸음이다

Dr. Cho's Tip

나가 아닌 우리가
조직의 주인공이다

조직의 주인공은
95%의 양심적인
사람들이다

'유유상종'이라는 말이 있다. 쉽게 말하면 끼리끼리 어울린다는 뜻이다. 사람들은 자신과 취향이나 습성이 비슷한 사람과 어울리려는 경향이 있다. 사회적으로 평판이 훌륭한 사람 주변에는 그에 준하는 사람이 많이 모이고, 일상적으로 품위 없이 함부로 말하는 사람의 주변에는 그런 사람들이 모여 있다. 내가 당하면 싫을 행동이나 태도는 상대에게도 하지 않으면 상호 신뢰 관계가 유지된다. 상대가 당했을 때 반감을 느끼게 하는 행동은 하지 말고 기분 좋게 만드는 언행을 하면 인간관계에서 일어나는 많은 갈등이 해소될 수 있다.

강정수 팀장이 맡고 있는 마케팅팀의 팀원들은 평균 34세의 젊은 사람들입니다. 팀의 터줏대감인 김영배 과장만 44세입니다.

강 팀장은 자신보다 7살이 많은 이 만년과장을 대할 때마다 숨이 막힙니다. 마케팅팀에 발령 받아 온 첫날부터 사사건건 냉소적이고 자기 방식대로 행동하기 때문입니다. 왜 자신의 승진이 늦어지고 이리저리 부서를 떠돌아다녀야 하는지 정작 본인은 모르는 것 같습니다.

첫 회식에서 대뜸 "팀장님, 여기 애들은 내 말 한마디면 끝이에요. 야, 안 그래?"라면서 자기 과시를 하기도 합니다. 아침에 출근해서 회의를 소집하려고 하면 바쁘니까 나중에 하자는 식으로 마치 구성원 전체의 생각인 것처럼 몰아붙입니다. 함께 점심을 먹을 때도 음식점과 메뉴는 김 과장의 입맛에 맞아야 합니다. 후배들에게 밥 한끼, 커피 한 잔을 제 돈으로 사는 적도 없으면서 말입니다. 팀원들이 인사를 게을리하면 위아래를 모른다며 큰 소리로 야단칩니다.

김영배 과장은 업무 경력이 오래돼서 업무에 차질이 생기면 스스로 잘 처리합니다. 그런데 그때마다 "그런 것도 하나 처리 못하면서 밥이 제대로 넘어가?"라고 후배들에게 면박을 줍니다. 회의 시간에 자기 마음에 들지 않으면 볼펜을 딸까닥거리는가 하면, 큰 소리로 하품을 해댑니다. 삐딱하게 반쯤 누운 자세로 회의에 참여하는 김 과장 때문에 팀 분위기도 이상하게 돌아갑니다. 하지만 김 과장이 없으면 팀 업무에 많은 혼란이 생기는 것도 사실

나가 아닌 우리가 조직의 주인공이다

이어서 강정수 팀장의 고민은 깊어만 갑니다.

김 과장이 팀장을 쉽게 여기니까 이제 다른 팀원들도 슬슬 일을 피하고 눈치를 살핍니다. 팀장으로서 대접 받고 체면치레를 하려는 것은 아닙니다. 그러나 회의 시간에도 명색이 팀장에게 김 과장은 반말 높임말 섞어 가면서 말합니다. 자신이 원하는 방향으로 일이 진행되지 않으면 다른 사람 들으라는 듯이 상소리를 섞어 가면서 투덜댑니다.

정작 팀의 성과가 부진해서 화를 내야 할 사람은 팀장인데 오히려 김 과장의 몰상식한 행동 때문에 말할 기회를 놓칩니다. 그러고는 팀원들한테는 "내가 그렇게 저질러야 팀장이 너희들 질책안 할 거 아냐? 너희들 잔소리 듣지 말라고 내가 그런 거야."라며 엉뚱하게도 생색을 냅니다.

마케팅팀에 온 지 1년이 다 되어 가지만, 터줏대감 노릇을 하고 있는 만년과장을 어떻게 다루어야 할지 고민이 많습니다.

100년을 훨씬 넘게 초심을 잃지 않고 '인간 경영' 철학을 조직에 뿌리 내려온 세계적인 패션 기업 '노드스트롬Nordstrom'의 창업주에게는 그만의 철학이 있다.

창업주 존 노드스트롬John W. Nordstrom은 조직과 사람을 보는 시각이 남달랐다. 그는 "어느 사회 조직을 막론하고 5퍼센트 내외의 비도덕적이고 부정직한 사람은 존재한다. 설령 그런 사람을 다 솎아낸다고 해도 다시 5퍼센트는 생겨난다. 그러나 나머지 사람들은 양심적으로 행동하고 자신이 하는 일에 책임을 지고자 한다. 사회 규범, 조직의 규정은 이런 95퍼센트의 양심적인 사람들이 더 일을 더 잘할 수 있게 하는 데에 초점이 맞추어져야 한다."고 말했다.

그렇다. 우리는 소수의 부정적인 사람이나 사회적 분위기가 마치 전체 사회의 문제인 양, 또 모든 사람이 그렇게 부정직하고 예의가 없는 양 생각해서는 안 된다.

예의를 아는 사람, 사려 깊은 사람의 생각과 행동이 더 빛을 발할 수 있게 만들어 간다면, 지금 우리가 겪고 있는 갈등은 훨씬 줄어들지 않을까!

나가 아닌 우리가 조직의 주인공이다

입 밖으로
나온 말은
좋든 싫든
전염되는 힘이 있다

우리는 살아가면서 자의 타의로 수많은 인연을 맺게 된다. 그 인연
이 자신에게 부정적인 영향을 미칠 때 악연이라는 말을 한다. 마찬가
지로 조직에서도 숱한 인연을 맺어 간다. 그런데 조직이라는 특수성
은 직장을 그만두지 않는 한 동료나 리더를 내가 임의로 선택할 수
없다. 다만 함께 일하는 사람들과 긍정적인 인연을 맺어 간다면 살맛
나는 직장 생활을 할 수가 있다.

김정길 책임은 요즘 흰머리도 많아졌고 얼굴도 많이 상했습니다. 김 책임의 바로 윗사람이 작업 현장을 알기나 하고 그런 말을 하는 건지 모르겠지만, 지나치게 도전적인 목표를 요구하기 때문입니다. 사실 도전적인 목표라기보다는 원인이 다른 곳에 있는 문제를 해결하라고 김 책임을 닦달하고 있는 상황입니다.

현실적으로 김정길 책임이 속한 팀에서 업무 도중에 벌어지는 문제들은 한 사람만 닦달한다고 해결될 수 있는 문제는 아닙니다. 그런데도 김 책임만 추궁합니다.

이제 김 책임은 거의 자포자기 상태입니다. "배 째라.", "내가 그만두면 되지 뭐." 이런 태도로 일을 처리합니다. 처음에는 동료나 후배들이 김 책임의 어려운 상황을 이해하는 만큼 동조하면서 위로의 말도 건네기도 했습니다. 그럴수록 김정길 책임의 불평불만은 더 늘어나고 그를 위로하던 팀원들도 함께 지쳐 갔습니다.

지금은 김 책임의 하소연이나 불만이 듣기 거북하고 지겨울 뿐입니다. 아침에 상쾌한 기분으로 출근해서 즐겁게 일하려고 해도 김 책임의 자포자기하는 말이나 냉소적인 말투 그리고 특히 짜증이 짙은 얼굴을 대할 때면 그 기분이 전염되어 일하기 싫어집니다.

김정길 책임의 마음을 이해 못하는 건 아니지만 일상 업무 중에 지나치게 자기 기분을 표현하여 팀의 활력을 저하시키고 사무실 분위기를 망치는 행동을 어떻게 해결해야 할지 대책이 없습니다.

일이 힘이 들면 상사와 직접 대화를 나누어 해결하거나 아니면

나가 아닌 우리가 조직의 주인공이다

팀원들에게 도움을 청하거나 해서 지금의 침침한 팀 분위기에서
벗어났으면 좋겠습니다.

오늘도 짜증으로 시작해서 짜증으로 끝날 김 책임의 얼굴을 마
주할 생각을 하면 출근하기 싫어집니다.

사람과 사람은 관계를 맺으면서 일하기 때문에 함께 일하는 사람
의 영향을 받지 않을 수 없다. 다른 사람을 탓하고 원망하는 사람
이 주위에 있으면 나도 모르는 사이에 그 사람을 함께 원망하거
나 미워하게 된다.

생각은 전염성이 있어서 좋은 것은 좋은 대로 다른 사람에게
전이된다. 마찬가지로 투정과 부정적인 생각으로 일관된 사람과
같은 공간에서 오래 머무르다 보면 자신의 말투와 생각까지 가랑
비에 옷 젖듯이 부정적으로 바뀌는 것을 어느 순간 깨닫는다.

일터에서 함께 일할 사람을 마음대로 선택할 수는 없다. 그러
다 보니 조직의 정책이나 방침에 부정적이거나, 상사 또는 동료와
사이가 좋지 않은 구성원들과 함께 있으면 내가 좋아하던 일까지
싫어지게 된다.

날마다 마주하는 사람이 옆에서 불평불만만 하면 처음에는 같
은 처지에 일부 공감하는 부분이 있어서 동조해 주고 위로해 준
다. 그러나 그런 일이 자꾸 반복되면 결국에는 그 사람을 적당히
피하게 된다.

팀의 사기를 저하시키는 사람에게는 사실 생각을 바꾸게 할 만

한 뚜렷한 방법이 없다. 이런 속에서 자신의 생각을 지킬 수 있는 방법은 되도록이면 부정적인 사람과 마주하는 시간을 줄이는 것이다. 그러나 한 공간에서 일하는 그 사람의 상황을 진정으로 이해한다면, 매일 아침 간단한 메시지를 전달해 보자.

"오늘도 경쾌한 하루 맞이하기 바랍니다. 큰 도움 주지 못해 미안합니다. 그러나 제가 도움이 될 수 있다면 언제든 얘기해 주세요."

나가 아닌 우리가 조직의 주인공이다

구성원의
성취감이
조직의 근간이다

아무리 재능이 뛰어난 사람이라도 무한히 열정을 지속할 수는 없다.
사람은 누구나 적절한 휴식과 에너지 보충의 기회를 가질 때, '삶의
질'이 개선된다. "너무 바빠서 생각할 틈이 없다."고 말하는 사람들이
있다. 생각할 시간도 없이 살아간다면, 사람이 사람답게 사는 것이
아니라 살아야만 하기 때문에 사는 꼴이 된다.

강우동 팀장은 3년 전 외부에서 영입되어 왔는데, 나름대로 임원으로부터 인정받고 있습니다.

처음에는 박충식 연구원을 비롯한 모든 팀원들도 강 팀장에 대한 기대가 컸습니다. 연구개발 실력이 탁월하고 심성이 부드러운 사람이라는 소문을 들었기 때문입니다.

그런데 시간이 지날수록 구성원들은 강 팀장의 이중적인 태도와 행동에 염증을 느끼게 되었습니다. 강 팀장은 언변이 뛰어납니다. 그래서 어떤 이야기든 처음에 들으면 맞는 것 같은데, 지나고 보면 모두 허상인 것을 깨닫게 됩니다.

팀장과 일을 하면 할수록 사람들은 지칩니다. "이렇게 저렇게 하면 답이 나오잖아?", "그런 세부적인 것은 나중에 걱정하면 되지.", "그러니까 자네한테 맡긴 것 아냐?"라며 자신을 통이 큰 사람으로 포장합니다. 업무를 진행하면서 논의 사항이나 고충을 보고할 때마다 입으로만 모든 문제를 해결합니다.

이러한 강 팀장이 박충식 연구원의 탁월한 능력을 가만둘 리 없습니다. 그의 연구 실력을 파악한 강 팀장은 윗사람들에게 인정받을 만한 연구 프로젝트나 생색낼 만한 업무는 박충식 연구원에게 맡겼습니다.

팀장은 박충식 연구원의 업무 능력을 이용하여 윗사람들로부터 인정받기 시작했습니다. 팀장이 윗사람에게 더욱 성과를 인정받으면 받을수록 박충식 연구원의 야근은 더 늘어났으며, 그는 점점 지친 모습을 나타내기 시작했습니다.

나가 아닌 우리가 조직의 주인공이다

박충식 연구원의 능력을 윗사람이 수족 부리듯이 이용하고 있다는 것을 다른 연구원들은 모두 알고 있었습니다. 그러나 그가 힘들어해도 도와줄 수 없었습니다. 그의 업무 대부분은 해당 분야의 경험이 필요하기 때문에 담당을 바꾸거나 일을 분담하기 어려웠습니다.

강우동 팀장은 박충식 연구원이 업무 과다로 인해 자신이 기대하는 만큼 결과가 나오지 않거나 마감 기한에 늦어지면 불안한 마음에 다그치곤 했습니다.

참다 못한 박충식 연구원은 업무 분담할 사람을 충원해 달라고 몇 차례 요구했습니다. 그러면 팀장은 매년 평가 때마다 충원해 주겠다고 약속했습니다. 물론 내년에도 해당 업무는 박 연구원이 계속해야 한다는 말도 덧붙였습니다.

그런데 1년이 지나고 2년, 3년이 지나도 인원을 충원해 주기는 커녕 그에게 쏟아지는 업무는 더욱 늘어났습니다. 박 연구원의 불만은 극에 달했고 이제는 동료들에게 불평불만을 털어놓는 것조차도 지쳐 버렸습니다.

4년이 지난 지금, 우리 팀의 인재였던 박 연구원은 더 이상 이곳에 없습니다. 그는 결국 퇴사를 선택했습니다. 어디서든 인정받는 실력을 갖고 있었으니까요.

상사의 지켜지지 않는 약속과 자신의 무능을 팀원의 실력으로 대체하고자 했던 리더십 때문에 우리 팀은 유능한 인재를 잃었고, 팀 전체의 사기는 꺾였습니다. 유능하고 소중한 동료를 떠나보내

일 잘하게 하는 리더는 따로 있다

면서 "앞으로 우리에게도 저런 일이 생길 수 있겠구나." 하는 생각이 들 때면 열정을 다해 일하고 싶은 마음이 없어집니다. 이런 것도 열정페이가 될 수 있다는 생각이 듭니다. 리더가 팀원의 실력을 자신의 실력처럼 맘대로 이용하는데, 무슨 열정이 살아나겠습니까?

다른 사람의 재능을 있는 그대로 인정하고 대우하는 것이 쉽지는 않다. 특히, 사회 조직에서 리더는 자신의 생각을 잘 이해하고 알아서 일을 척척 해 주는 직원에게 더 많은 일을 맡길 수밖에 없다.

누구나 어떤 일이든 좀 더 쉽고 편하게 하려고 하는 경향이 있다. 이럴 때 리더가 범하는 흔한 오류 중 하나가 바로 일 잘하는 직원에게 더 많은 일을 맡기는 것이다.

그런데 막상 업무 평가, 승진 등과 관련된 인사고과는 일의 양과 질에는 크게 상관없이 이루어지는 경우가 많다. 한두 사람에게 일이 쏠리는 상황은 관련 구성원 전체의 사기를 저하시킨다. 일이 많은 사람은 일에 치여 불만이 쌓이고, 일을 받지 못한 사람은 리더의 편애가 심하다는 생각에 의욕을 상실한다.

일터에 열정이 피어나게 하려면 생각하면서 일하는 사람이 많아야 한다. 너무 바빠서 생각할 틈도 없는데 어떻게 훌륭한 성과를 기대할 수 있겠는가?

사람의 능력은 각각 다르다. 그 능력을 제대로 활용하는 리더와 구성원이 함께할 때, 일터에는 열정이 넘친다.

나가 아닌 우리가 조직의 주인공이다

정확한
의사 표현이
돛단배의
방향을 정한다

흔히 입이 무거운 사람은 신중한 사람이라고 생각한다. 신중한 태도
는 자신의 말과 행동이 상대에게 어떤 영향을 미칠지 배려하는 것이
다. 그런데 다른 사람의 입장을 고려하지 않거나 서로 자주 소통하지
않으면 오히려 오해가 쌓이기 쉽다. 사람마다 생각이 다르고 가치관
이 다른데 어떻게 선문답으로 상대를 알 수 있겠는가! 진솔한 표현을
할 때 함께하는 사람들 사이에 깊은 공감대가 생긴다.

홍성식 팀장은 본부장이 무슨 생각을 하고 있는지 도대체 알 수 없어 불안합니다. 일을 진행하면서 뭔가 예측할 수 있어야 본부장의 의도를 반영해서 계획하고 추진할 수 있는데, 그의 생각을 알 수 없으니 늘 주춤거리게 됩니다.

회사에서는 소통을 매우 강조합니다. 서로 표현을 충분히 하고 지내는 것 같아도 오해가 생기는 것이 사람 관계이기 때문입니다. 그런데 말 한마디 건네기 어려운 윗사람의 속마음을 어찌 알 수 있을까요? 홍 팀장은 일하면서 답답한 경우가 한두 번이 아닙니다.

홍성식 팀장은 한 달 전, 자사가 주최하는 외부 콘퍼런스를 준비한 적이 있었습니다. 본부장은 소속 팀장들을 주축으로 콘퍼런스 준비위원회를 구성하였고, 홍 팀장을 주관자로 지정했습니다. 날짜는 점점 다가오는데 사람들의 호응은 없고 다른 팀장들도 업무 때문에 준비에 적극적일 수 없는 상황이었습니다.

응집력이 떨어진다고 판단한 본부장은 팀장들을 급히 호출해서 회의를 시작했습니다. 회의는 콘퍼런스를 제대로 준비도 못하고 적극적으로 참여하지 못한 팀장들이 마치 자아비판이라도 하는 듯한 분위기였습니다.

결론은 콘퍼런스 개최를 하기에는 준비 시간과 자원이 부족하기 때문에 콘퍼런스 개최에 대해 원점에서 다시 고려해야 한다는 쪽으로 의견이 모아졌습니다.

사실 준비하는 과정도 미비하고 콘퍼런스를 위한 물적 인적 자원의 투자도 부족했기 때문에 팀장들은 진지하게 논의하기 시작

나가 아닌 우리가 조직의 주인공이다

했습니다. 열띤 토론이 이어졌고, 한 팀장이 이번 콘퍼런스는 취소하는 것이 좋을 것 같다는 의견을 냈습니다. 물론 여기에는 여러 가지 논리적 근거를 함께 제시했습니다.

다른 팀장들도 동의하여 그 의견에 합의하려는 순간, 아무 말 없이 듣고만 있던 본부장이 갑자기 화를 내기 시작했습니다. 결속력을 다져서 콘퍼런스 개최를 강행하자는 자신의 뜻도 모르고 엉뚱한 방향으로 몰아가는 팀장들 때문에 분노가 폭발하고 만 것입니다.

평상시에도 자신의 뜻을 감추고 잘 표현하지 않아서 업무를 진행할 때 소비적인 오해를 일으켰던 본부장이기에, 팀장들은 '또 시작하는구나!' 하는 생각에 어이가 없었습니다.

본부장이 처음부터 자신의 뜻을 명확히 밝히고, 팀장들이 어떻게든 결속력을 강구하는 쪽으로 집중 논의했다면 두 시간이라는 긴 시간을 허비하지 않고, 실질적인 대안을 논의하는 알찬 회의를 진행했을 것입니다.

팀장들은 본부장의 이런 태도가 매우 부담스럽습니다. 본부장의 의도를 제대로 알기 힘들기 때문에 일할 때 헛발질하는 경우도 많습니다. 또 문제가 생겼을 때 어떤 식으로 풀어야 본부장의 분노를 잠재울 수 있을지 갈피를 못 잡을 때도 많습니다. 독심술을 할 줄 안다면 얼마나 좋을까요?

자신의 감정을 고스란히 드러내지 않고 객관적으로 표현한다는 것은 어쩌면 많은 연습이 필요한 부분이기도 하다. 사람은 감정의 동물이기 때문에 어떤 경우든 자신의 생각이나 감정이 개입되곤 한다.

말하는 쪽에서 명확하게 의사 표명을 했다고 하더라도, 듣는 쪽에서는 각자 입장에 따라 받아들이기 때문에 말하는 이의 의도와 다르게 변질되는 경우가 많다.

하물며 생각을 말하지 않는 사람과 함께 일하기는 매우 불편하다. 리더가 자신의 뜻을 열번 백번 이야기해도 구성원들은 각자 기준에 따라 이야기를 받아들이는 관점이 달라질 수 있다. 그렇기 때문에 훌륭한 리더는 구성원들에게 자신의 기대 사항을 명확히 이해시키고 정보를 정확하게 전달하기 위해 노력하고, 구성원들 입장에서는 상사의 의중을 잘 파악하여 업무를 잘 처리하고 실력 있는 사람으로 인정받고 싶어 한다.

일터에서 소통은 만사형통의 지름길이다. 침묵하는 일터는 일렁이는 파도를 일시적으로 잠재우고 있는 것과 같다. 서로 눈치 보고 선뜻 나서기를 꺼리기 때문에 일터 분위기는 침체되고 구성원들은 움츠러들 수밖에 없다. 그런데 그 침묵이 리더로부터 시작된다면 일터 분위기는 몇 배로 더 가라앉게 된다.

나가 아닌 우리가 조직의 주인공이다

열정은
절망을
두려워하지
않는다

행복했던 가정이 경제적으로 파산하거나, 직장에서는 아랫사람이라
는 이유로 소리도 못 지르고 윗사람에게 당하기만 하고, 열심히 일하
고도 퇴출자 명단에 이름이 올랐을 때, 이제는 끝이라는 생각에 절망
과 분노가 치밀어 오를 때가 있다. 하지만 이런 것은 순간에 불과하
다. 언젠가는 시간과 함께 흘러가게 되어 있다. 책임과 열정을 가진
사람은 절망의 순간이라도 숨겨진 엄청난 힘을 발휘한다.

최민식 팀장은 LCD 기판에 들어가는 유리 제조 기술 전문가입니다. 그는 탁월한 전문 지식으로 조직에서 촉망 받는 리더이기도 합니다.

그러나 최 팀장을 빛나게 하는 것은 독보적인 전문 지식이 아니라 탁월한 리더십 때문입니다. 많은 구성원들이 최 팀장과 함께 일하고 싶어 할 정도입니다. 동료나 상사도 그의 실력과 리더십을 인정하고 있습니다.

최 팀장은 품질개발 1팀을 맡고 있습니다. 최 팀장과 함께 일하는 김유식 대리도 20여 명의 팀원 중 한 사람입니다. 그는 공업고 등학교를 졸업하고 입사한 지 6년째 됩니다. 김 대리는 현장에서 백금의 정제 과정을 점검하고 불순물 제거 과정을 관리하고 있습니다. 그가 최 팀장과 함께 일한 지 3년 정도 됩니다.

그런데 1년 전, 김 대리는 업무에서 엄청난 실수를 해서 회사가 발칵 뒤집혔습니다. 그가 백금의 불순물을 제거하는 과정에서 문제가 생긴 것입니다. 이 사고로 회사는 치명적인 재정 손실을 입었습니다. 김 대리는 인사팀을 비롯해서 임원에게까지 불려가 심한 문책을 받았습니다. 급기야 인사팀으로부터 퇴사 권고를 받았습니다.

이때 최 팀장은 김 대리를 구제하기 위해 자신이 할 수 있는 모든 방법을 동원했습니다. 자신의 직책과 권한 범위에서 인사팀을 설득하기도 하고 맞서 싸우기도 했습니다. 그리고 생산담당 전무를 찾아가서 왜 김 대리를 퇴사시키면 안 되는지, 그동안 김 대리가 이루어낸 성과가 무엇인지 데이터와 자료를 바탕으로 설득해 나갔습니다.

그래도 인사팀이 김 대리의 퇴사를 강요하자, 최 팀장은 그를 퇴사시켜도 좋으니 당장 그 사람처럼 일할 수 있는 인력을 보충하라고 으름장을 놓았습니다.

최 팀장은 2년 동안 김 대리가 사금 정제의 기본뿐 아니라 해당 업무에 전문성을 갖출 수 있도록 지원을 아끼지 않았습니다. 최 팀장의 눈물겨운 구원 노력이 결실을 맺어, 결국 김 대리는 3개월 감봉 조건으로 팀에 복귀할 수 있었습니다.

최 팀장은 김 대리를 구제하는 것에 그치지 않고, 문제 원인을 찾기 위해 그 일을 담당하는 팀원들과 함께 당시 상황을 재연하면서 연습하게 했습니다. 이 사건을 계기로 김유식 대리는 밤낮없이 학습했고, 돋보이는 성과를 올려서 품질개발 1팀의 명성을 얻게 했습니다. 그렇게 그는 어느덧 백금 정제 전문가 수준에 이르렀습니다.

실수한 김 대리를 나무라기보다는 실수를 실력 향상의 기회로 바꾸어 준 최 팀장에게 팀원들은 뜨거운 갈채를 보냈습니다.

김 대리의 일화는 일부분에 지나지 않습니다. 팀원들은 최 팀장이 혹시 무리하게 회사 일을 하다가 건강이 나빠질까 걱정하고 있습니다. 최 팀장과 함께 일하는 팀원들은 강한 책임감과 다른 사람의 성장을 적극적으로 도와주는 서번트 정신이 어느새 몸에 배어 있습니다.

부하를 진정으로 사랑하고 아끼는 리더가 있는 품질개발 1팀이 조직 내에서 최고의 성과를 올리는 것은 지극히 당연한 일입니다.

우리 사회의 일터 환경은 최종 학력으로 능력을 판단하는 곳이 많다. 일터에서 선호하는 학력에 못 미쳐 위축되기 쉬운 구성원들에게 학연이나 지연에 연연하지 않으면서 능력을 육성시키는 리더와 함께할 수 있다는 것은 큰 행운이다.

대체로 전문 지식과 노하우를 갖춘 리더들은 다른 구성원들에게 전수하기를 꺼린다. 그 역량을 습득한 구성원이 행여 자신보다 더 앞으로 나아가지 않을까 하는 두려움이 있기 때문이다.

물론 윗사람의 밥그릇을 넘보는 직원이 있을 것이다. 하지만 자신의 안위만 생각하는 이기심보다는 모두의 발전을 위해 행동하는 리더라면 결국은 조직은 물론 구성원에게도 진정성은 통하게 되어 있다. 그렇게 구성원의 성장을 통해 리더는 탁월한 성과를 창출할 수 있고, 리더 자신은 더욱 탄탄해져 간다.

나가 아닌 우리가 조직의 주인공이다

열 세 번 째

가장 효과적인
에너지는
격려와 갈채이다

물질적 심리적으로 헤어날 수 없을 만큼 어려움을 겪고 있는 사람에
게 용기를 주고 싶어도 어떻게 해야 할지 알지 못할 때가 있다. 그러
나 좋을 때 찾아오는 친구보다는 어려울 때 찾아오는 친구의 위로와
격려가 더욱 고맙고 따뜻하게 느껴진다는 사실을 기억해야 한다. 그
들이 나에게 힘을 불어넣어 주지 않더라도, 나는 그들을 돕는 일을
게을리해서는 안 된다. 고통으로 절망하는 사람들에게 격려와 희망
을 심어 주는 일은 자신을 성공으로 이끌어 가는 지름길이다.

김현두 씨는 요즘처럼 자기 팀에 애착을 가지고 헌신했던 적이 없습니다.

그는 자동차 엔진부품 제조회사에 다니고 있습니다. 입사한 지 2년 반이 지났지만 툭 하면 야근에, 주말 근무여서 얼마 전까지 늘 불만을 달고 살았습니다.

그런데 6개월 전에 이런 그를 조직의 충성맨으로 만드는 계기가 있었습니다. 어느 날 김현두 씨가 관리하는 부품 제조 공정에 문제가 생겼습니다. 평소에 엄격하기로 소문난 팀장 얼굴이 떠오르자 그는 가슴이 답답해졌습니다.

그는 문제가 생긴 공정을 바로잡기 위해 점심도 먹지 않은 채 온종일 사고 수습에 매달렸습니다. 원인을 파악하는 데 예상 외로 시간이 걸렸고 혼자서 문제점을 해결하고 팀으로 돌아온 시각은 밤 12시가 넘어서였습니다.

기진맥진한 상태로 사무실에 들어서는 순간, 우레와 같은 박수 소리가 울려퍼지면서 동료들이 몰려와 수고했다고 등을 토닥여 주었습니다. 잠시 후, 팀장이 양손에 피자와 통닭을 들고 들어왔습니다. 물론 맥주도 곁들여 있었습니다.

김현두 씨는 울컥 쏟아지는 눈물을 막을 수 없었습니다. 온종일 아무것도 먹지 못한 채, 문제를 해결하기 위해 고군분투했던 시간과 윗사람에게 깨질 것에 대한 걱정 때문에 기가 죽었던 순간이 떠올랐습니다. 풀이 죽어 있던 그는 뜻밖에 늦은 시간까지 집에 가지도 않고 자신을 기다려 준 팀원들의 동료애에 감동을 느

나가 아닌 우리가 조직의 주인공이다

껐고 가슴이 뭉클해졌습니다.

　퇴근 1시간 전에 팀장이 팀원들에게 이렇게 말했다고 합니다. "지금 혼자서 문제를 해결하기 위해 애쓰고 있는 김현두 씨는 얼마나 마음이 고달프겠어? 우리 모두에게 생길 수 있는 문제야. 팀 모두가 그를 위로해 주고 격려해 줄 방법을 생각해 보자고."

　그래서 팀원들이 제안한 것이 바로 함께하는 우리의 모습을 보여 주는 것이었다고 합니다. 김현두 씨처럼 그들도 저녁을 먹지 않고 기다렸고, 그것도 누가 강요해서가 아니라 저녁 약속까지 취소하면서 함께 있기로 했다는 말을 들었을 때, 김현두 씨는 동료들과 회사를 위해 최선을 다하겠다고 스스로 다짐했습니다.

　일터에서 구성원들이 자기 이익만 추구하는 이기적인 가치보다 함께 어우러지는 공동 이익에 대한 가치를 더 중요하게 생각한다면, 부서 간 지나친 이기주의나 팀원들 사이에 불꽃 튀는 경쟁심은 사라진다.

　사람은 누구나 사회생활에서 성공의 페달을 밟을 때가 있는가 하면 실패의 쓰라림을 경험할 때도 있다. 아무런 굴곡 없이 평탄하게만 조직 생활을 하는 사람은 거의 없다. 승진이나 보상, 인정의 굴곡에 따라 자신의 생각도 함께 요동친다면 행복하고 즐거운 직장 생활을 할 수 없다.

　인생은 자신이 그려 가는 한 폭의 그림이다. 절망의 늪에서 헤맬 때도 참다운 용기를 잃지 않는 방법이 있다. 그것은 다른 사람에게 용기와 격려를 아낌없이 보내는 것이다. 더불어 성장하는 사회에서 우리는 진정한 성공의 기쁨을 맛보게 된다.

실패가 거듭되는 험난한 도중에도 자신을 격려해 주는 이들이 있을 때, 사람들은 자신의 어딘가에 숨겨져 있을 가능성을 새삼 믿게 되고 의지를 더욱 다지게 된다. 마찬가지로 실패 그늘에서 움츠리고 있는 사람을 도와주는 자신도 절망을 극복할 수 있다.

현재 상황을 피하기보다는 절망적인 상황에서 서로에게 위로가 되어 주는 사람들이 함께하고 열정과 용기를 발휘할 때, 기운 내고 살아가게 하는 진정한 에너지가 솟구친다.

나가 아닌 우리가 조직의 주인공이다

시간을 존중하는 문화가 열정 일터의 첫걸음이다

자신을 무기력하게 만들고 내면의 열정에 불씨를 당기는 데 방해가 되는 것들이 있다면 강렬히 저항해야 한다. 뿐만 아니라 자신을 나태하게 만들며 현실에 안주시키는 게으름에 굴복해서도 안 된다. 열정은 거대한 목표나 과제가 있을 때만 생겨나는 것이 아니다. 주변에 있는 사소한 것에 관심과 애정을 가질 때 삶의 열정이 피어난다. 지금 자신이 보고 느끼며 만지는 것들에 한없는 애정을 쏟아 보면, 내면에 용솟음치는 뜨거운 기운을 느낄 수 있다. 또한 당신이 가진 것을 진정으로 소중하게 여기는 친구와 동료가 함께할 때 인생은 풍요로워진다. 자기 자신을 변화시키는 열정의 비밀은 하찮게 여겨지는 것들을 변함없이 사랑하는 것이다.

장영택 팀장은 요즘 팀원들이 최경철 상무에 대한 불만을 표출할 때면 답답하기만 합니다.

팀의 성격상 최 상무와 정기적인 회의뿐만 아니라 일상적인 회의가 수시로 진행됩니다. 그런데 최 상무는 약속 시간을 멋대로 바꾸거나 예정 시간을 훌쩍 넘기기 일쑤입니다. 물론 회의 시간과 날짜도 수시로 바꿉니다.

회의 시간이나 날짜가 바뀌는 경우, 하루 전이라도 미리 알려 달라고 최 상무에게 말하자 "내 시간이 내 거야? 회사에서 이런저런 일이 생기는데 그걸 내가 어떻게 조정해?"라면서 일침을 가합니다. 그러다 보니 딱히 더 이상 말할 수 없어서 기다리기만 할 뿐입니다.

최 상무는 회의 시작 한두 시간 전에 통보해 버리면 그것으로 그만입니다. 그런데 막상 현장에서 일하는 팀원들은 하던 일을 멈추고 회의실로 달려가야 합니다. 이건 무슨 민방위 훈련하는 것도 아닌데, 외부에서 일이 있어 회의에 불참하기라도 하면 어김없이 불이익을 당합니다.

구성원들의 이런 애로 사항을 잘 아는 장영택 팀장은 명색이 팀장이지만 상무와 중간에서 회의 주관 일정이나 시간을 조정하기가 어렵습니다. 상무에게 몇 번 면박을 당하니까 이제는 말을 꺼내는 것도 망설여집니다.

비단 회의뿐만 아니라 행사 일정이나 회식 날짜를 잡는 것도 마찬가지입니다. 항상 팀장이나 팀원들의 상황은 별로 고려하지

나가 아닌 우리가 조직의 주인공이다

않습니다.

팀장과 팀원들은 상무의 일정에 맞추어 무조건 일정을 조정해야 합니다. 심한 경우에는 장 팀장이 이끄는 팀에서 진행되는 프로젝트 일정조차도 상무의 출장이나 개인적인 사정으로 조정하는 경우도 있습니다.

어떤 날은 퇴근 시간이 다 되어서야 회식을 하자고 합니다. 무슨 좋은 일이 있었는지 다른 사람의 일정은 생각하지도 않고 회식 장소만 통보합니다.

물론 참석하지 못하는 사람이 생기면 별로 좋아하지 않습니다. 그 벌로 참석한 사람들이 매우 괴롭습니다. 그래서 폭주하는 업무나 개인 약속은 뒤로한 채 꼭 참석해야 합니다. 최 상무는 본인 이외의 직원들은 사생활이 없다고 생각하는 것 같습니다.

심지어 나중에는 술자리를 상무가 거주하는 지역으로 옮깁니다. 그 동네는 술값도 엄청 비쌉니다. 팀원들의 입이 튀어나오는 것은 당연합니다.

장영택 팀장은 '상무가 수시로 변경하는 회의 스케줄도 제대로 조정하지 못하는 나를 팀원들은 분명 무능한 예스맨이라고 하지 않을까.' 하는 생각을 합니다.

리더에게 주어지는 권한은 사사로이 또는 개인 편의를 위해 쓰라고 주어지는 것이 아니다. 다른 사람에 대한 존중은 그들의 개인 생활을 존중하는 데서 출발한다.

우리 인생에서 시간은 누구에게나 소중한 것이다. 지위를 막론하고 구성원들은 자신의 업무 목표를 달성하기 위하여 주어진 시간을 사용할 권리와 의무가 있다. 이런 시간들이 윗사람에 의해 헛되이 소모되거나 엿가락처럼 늘어져서는 안 된다.

사람들은 대체로 자신의 시간은 소중히 여기면서 타인의 시간은 대수롭지 않게 생각하는 경향이 있다. 약속 시간을 어기는 것을 대수롭지 않게 생각하는 사람, 그날 기분에 따라 일정이나 약속을 갑자기 취소하거나 미루는 사람들은 타인을 존중하는 마음이 없는 것으로 비춰진다.

윗사람의 기분이나 일정에 따라 이리저리 끌려다니는 구성원들에게서 어떤 열정과 헌신을 기대할 수 있겠는가!

말로는 그들이 최고라고 하면서 정작 그들이 일해야 하는 시간에 대한 배려가 없는 리더가 이끄는 조직에서 어떤 성과를 기대할 수 있을까?

일터에서 구성원들은 수시로 변경되는 업무와 돌발적인 업무 때문에 정작 본인의 업무를 제대로 수행하기 어려운 경우가 많다. 조금만 더 신중하게 생각한다면, 리더의 자기 편의주의적인 생각과 행동이 구성원들의 사기를 꺾는 지름길이라는 것은 금세 알아챌 수 있다.

나가 아닌 우리가 조직의 주인공이다

열정 넘치는 일터를 가꾸는 길

직위의 차이를 인정하라

1 '수평 조직'의 의미는 직위를 무너뜨린다는 의미가 아니다. 조직의 모든 구성원이 오너나 사장과 똑같은 권위와 책임을 가질 수는 없다. 구성원과 리더는 각각 직위에 따른 권한과 책임이 따로 있다. 권한이 많다는 것은 그에 따른 책임도 크다는 것을 의미한다. 리더에게 나타나는 가장 큰 문제점은 권한은 누리면서, 책임은 아랫사람에게 돌리는 것이다. 자신의 위치에서 결정한 권한만큼 그에 따른 책임을 진다면 구성원들은 조직에 몰입한다. 수평적 조직은 성과를 달성하는 과정에서 리더와 구성원의 균형을 뜻한다. 일터에서 아이디어를 구하거나 이슈를 논의할 때 직위에 상관없이 누구나 의견을 제시하며 건전한 비판을 할 수 있는 업무 환경과 시스템을 갖출 때 진정한 수평적 조직의 의미가 살아난다.

긍정의 에너지를 강화하라

2 일터에서 구성원은 대체로 세 부류의 사람으로 나눌 수 있다. 어떤 일이든 먼저 저항하고 부정하고 보는 사람, 분위기를 보면서 순응하는 사람, 그리고 적극적이고 긍정적인 생각으로 업무를 수행하는 사

람이다. 그중에서 적극적이고 긍정적인 사람의 에너지를 강화할수록 조직은 탁월한 성과를 창출한다. 팀의 문제점을 찾기보다는 긍정적인 요소를 찾아 강화시켜 갈 때, 팀의 시너지 효과가 더 커진다. 전염병처럼 퍼지는 불평불만을 없애거나 팀 분위기를 냉소적으로 만들지 않는 길은 긍정의 백신을 미리 맞는 것이다. 하루에 한 가지씩만 팀이나 상사와 동료들의 장점을 발견하고 함께 공유할 수 있다면, 팀은 한 달이 지나기도 전에 이미 긍정의 에너지로 가득 차게 된다.

3 적극적인 표현으로 조직에 활력을 불어넣어라

속앓이만 하다가 사랑을 잃어버리는 경우를 종종 본다. 서로의 의사가 존중되고 건전한 의견과 비판이 살아 있는 조직만이 시장 경제에서 우위를 차지할 수 있다. 일터의 구성원들이 예의를 갖추면서도 서로 적극적인 의견을 표출하고 반대 의견을 표현할 때 활력이 넘치는 일터가 된다. 건전한 비판을 수용하고 인정하며 개선하려고 노력할 때 구성원들은 사려 깊은 사람으로 성장한다.

4 책임감 있는 사람이 돼라

일터에서 성장하고 성공하기 위해서 꼭 특별한 재능이 있어야 하는 것은 아니다. 평사원에서 CEO의 자리까지 올라간 사람들의 공통적인 특징을 살펴보면 한결같은 성실함으로 일한다는 점이다. 열정은 재능을 필요로 하는 것이 아니라 한결같은 성실과 노력에 의해 꽃을 피우고 열매를 맺는다. 인생의 성공 보수는 자기 일에 묵묵히 책임을 다하며 없는 일도 찾아서 하는 적극적인 사람들에게 주어진다.

PART 3

스스로 엄격하고 투명해야 조직이 탄탄해진다

훌륭한 성과의 근본은 생각이다

인재 육성의 비결은 지식과 기술의 공유이다

찍히면 끝나는 조직에 창의성은 없다

배려하는 리더십이 기적을 만든다

변화에 둔감한 리더는 꼰대일 수밖에 없다

구성원에 대한 일관성이 응집력을 이끌어낸다

Dr. Cho's Tip

생각이 곧
말이요 행동이다

열다섯번째

스스로
엄격하고 투명해야
조직이 탄탄해진다

너그러운 생각으로 세상을 바라보면 잡초가 무성한 자신의 마음에 푸릇한 싹들이 돋아나는 것을 느낄 수 있다. 다른 사람의 잘못으로 내가 불이익을 당할 때는 일단 그 사람에 대한 분노를 잠시 접어 두자. 자신의 실수 때문에 마음 졸이며 미안해할 당사자를 먼저 떠올려 보자. 분노는 이해로, 이해는 공감으로 그리고 공감은 동정으로 바뀐다. 자신의 행동도 다른 사람에게 상처를 줄 수 있다고 생각하면 용서하지 못할 상처는 그다지 많지 않다.

회계 업무를 맡고 있는 김용기 차장은 팀장의 이중적 언행 때문에 스트레스를 많이 받습니다. 팀장 본인에게만 관대한 기준을 팀원들에게도 적용해 주었으면 하는 바람입니다.

어제 팀 전체 회식을 오랜만에 했습니다. 팀원 모두 월말 업무를 마감하고 기분 좋은 날이라 2차, 3차까지 가면서 길어졌습니다. 그 후유증으로 팀원 2명이 다음 날 아침에 지각을 했습니다. 물론 회식 후 피곤하다고 해서 다음 날 지각을 하는 건 분명 잘못입니다. 하지만 팀장은 이런 지각을 밥 먹듯이 합니다. 오늘 따라 일찍 출근한 팀장은 20분 정도 늦은 직원들에게 팀원과 다른 팀 사람들이 모두 들으라는 듯이 큰 소리로 꾸짖었습니다.

평소에 잘하다가 이런 날 팀장에게 걸리면 "억세게 운이 없었다."고 하는 표현이 딱입니다. 어떻게 보면 아주 사소한 일이지만, 자신의 기분 내키는 대로 트집 잡는 팀장을 이해하기 힘듭니다.

팀장 자신에게만 적용되는 비용 처리 관련 규칙 또한 이해할 수 없습니다. 정작 본인이 사용하는 교통비, 식대 등은 모두 빠짐없이 경비로 처리하면서 팀원들이 사용한 비용을 경비로 처리하려고 하면 트집을 잡습니다. 그리고 끝내 결재를 안 하는 경우가 더 많습니다.

팀 과업을 그렇게 꼼꼼히 챙기고 보살피면 얼마나 좋을까요? 팀장 자신이 참석한 저녁 식사나 회식은 비공식일 때도 팀 비용으로 처리합니다. 하지만 팀원들끼리 한 식사는 팀 비용으로 처리하는 것을 싫어합니다. 팀 비용 사용에 대한 투명성이 이제는 필요할 것 같습니다.

팀장은 업무용 차량을 가끔 개인 용도로 유용하기도 합니다. 그런데 팀원들이 업무상 차량을 사용하려고 하면 업무용이라는 것을 강조 또 강조하면서 가급적 사용하지 말라고까지 합니다.

팀 비용 사용 및 처리에 차별이 없어야 팀원들도 일할 때 불평이 나오지 않을 텐데요.

그러나 올해 승진을 앞두고 있는 김 차장은 팀원들의 불만을 알면서도 이런 일로 팀장과 대립각을 세우고 싶지 않아서 고민입니다. 팀장이 팀원들의 평가와 인사고과에 미치는 영향이 매우 크기 때문입니다. 그러니 윗사람의 이중적인 태도와 행동을 고발하겠다고 누가 먼저 나서서 목에 방울을 달려고 하겠습니까?

조직 생활을 하다 보면 윗사람의 이중적 행태를 여러 방면에서 경험하게 된다. 같은 상황에도 윗사람의 기분에 따라 결과가 달라지는 일을 당하면, 지적받는 구성원은 자신의 잘못이나 실수를 인정하고 받아들이기보다는 '재수없게 걸렸구나.' 하는 생각을 먼저 하게 된다.

일터에서 이러한 경험이 늘어날수록 업무에 열심히 노력하는 사람들보다는 윗사람의 눈치를 보거나 힘이 있는 사람에게 아부하려는 사람만 늘어나게 된다.

리더가 보이는 이중적 태도와 행동, 그리고 의사 결정이 결국은 구성원들조차 이중적 잣대를 서로에게 들이대는 결과를 만든다.

모두가 자신이 하는 일의 결과에 책임은 지지 않고 그럴 수도 있다고 생각하고, 다른 사람의 업무 결과에는 인색하게 비판한다면 조직의 분위기는 모래알처럼 흐트러질 수밖에 없다.

사람은 어느 정도 자신에게는 관대할 수밖에 없다. 지나치게 자신에게 엄격한 사람들에게서는 인간적인 매력을 느끼기 어렵다.

중요한 것은 자신에게 관대한 만큼 다른 사람에게도 비슷한 태도와 행동을 보여 주는 너그러움을 연습해야 한다. 너그러운 태도와 행동은 스스로 훈련하는 만큼 익숙해진다.

생각이 곧 말이요 행동이다

훌륭한 성과의 근본은 생각이다

"생각이 말이 되고 말이 행동이 되며 행동이 운명이 된다."는 말은 어찌 보면 매우 평범한 말이다. 그런데 이 말을 곱씹어 보면 사람의 내면에 숨겨진 가능성은 무한한 우주라는 생각을 하게 한다. 한순간의 생각은 자신은 물론 다른 사람에게 결정적인 영향을 미치는 행위인데, 그것은 자신도 모르는 사이에 마음에 뿌리를 내린다. 생각에서 비롯된 사람들의 행동이 가져오는 결과는 참으로 예측하기 어렵다. 그래서 우리는 단지 최상의 결과를 기대하며 매 순간 노력할 뿐이다.

제약 회사에 다니는 구수영 씨는 생산 1공장 품질보증팀 팀장입니다. 생산 1공장은 구 팀장을 포함해 여섯 팀장이 서로 협력하면서 이끌어 가고 있습니다.

구 팀장은 생산 1공장을 맡고 있는 고영길 전무와 7년째 함께 일하고 있습니다. 고 전무가 생산 1공장을 맡을 당시는 상무였습니다. 7년 전 생산 1공장에서 생산되는 제품은 국내 마케팅이 포화 상태여서 실적이 마이너스였습니다. 공장은 재고로 가득 차 있고, 구성원들의 사기는 바닥에 떨어져 있었습니다.

고영길 상무는 공장을 맡으면서 가장 먼저 회의 방식을 바꾸었습니다. 대리급 이상 직원들은 기술직 사무직 구분 없이 한 달에 두 번 회의에 참석했습니다. 고 상무는 어느 누구도 회의실에 들어서는 순간 "안 됩니다.", "못합니다." 등의 부정적인 말을 할 수 없게 했습니다. 직급이나 직위에 관계없이 누구든 의견을 제시할 수 있게 했으며 그 의견에 부정적인 토씨를 붙이지 못하게 했습니다. 부정적인 말을 한마디라도 뱉으면 회의장을 스스로 걸어 나가야 했습니다.

처음에는 직무 차이 때문에 기술직과 사무직이 서로 이야기하기를 꺼렸습니다. 이야기를 나누다 보면 서로 탓을 하게 되니까요.

고 상무는 먼저 자신의 풍부한 업무 지식과 경험을 내세우지 않았습니다. 현장의 애로 사항과 문제점을 진지하게 들었습니다. 처음 몇 번 동안 회의 분위기는 썰렁했으며, 누구도 선뜻 문제점이나 어려운 점 등을 말하려고 하지 않았습니다. 그때마다 고 상무는 다음에 만날 때는 좀 더 고민해 보자며 자신의 의견을 강요하지 않고 회의를 끝냈습니다.

몇 번의 침묵이 반복되던 회의는 어느 순간 점점 시끄러워지기 시작했습니다. 누군가 발언을 했을 때, 부정적인 반응이 나오면 즉시 고 상무가 옐로 카드를 들었습니다. 물론 스스로 퇴장해야 한다는 뜻입니다.

그날 회의에서 결정된 사항을 수행하는 사람에게는 특별 선물이 주어졌습니다. 고 상무는 특별 선물로 사무용품을 살 수 있는 쿠폰이나 가족이 함께 즐길 수 있는 쿠폰 등을 준비했습니다.

고 상무는 회의 결정 사항을 수행하는 팀장들에게는 자율적인 분위기를 만들어 주었습니다. 그는 현장 직원들에 대한 진정한 배려와 관심으로 키다리아저씨라는 별명까지 얻었습니다. 특히 현장에서 일하는 여직원들이 쉴 수 있는 공간을 작지만 핑크빛으로 예쁘게 만들어 주기도 했습니다. 팀장 회의가 진행될 때는 자신의 말만 고집하는 것이 아니라 듣고, 토론하고, 팀장들의 어려운 점을 생각하고 배려해 주는 자상함이 생활 속에 배어 있었습니다.

팀장들이 서로 협력하기 시작한 것도 이즈음이 아닌가 싶습니다. 고 상무의 이런 노력은 부임한 지 2년 반만에 결실을 보게 되었습니다.

생산 1공장은 재고를 쌓아 놓는 곳이 아니라 필요시 제때에 제품을 공급하는 곳으로 바뀌었습니다. 고 상무는 많은 아이디어와 현장을 고려한 제안, 그리고 그것을 기꺼이 실천하는 구성원들 덕분이라며 업적을 구성원들에게 돌렸습니다.

지금 고영길 전무와 함께 일하는 팀장들과 구성원들의 일터는 늘 새로운 아이디어와 도전이 생활 곳곳에서 피어나고 있습니다.

고 전무의 훌륭한 리더십은 구수영 팀장을 비롯한 다른 팀장들에게도 전이된 듯합니다. 팀장들은 옛날보다는 훨씬 합리적으로 일을 처리하며 잘못된 부분을 팀원들과 함께 논의하는 것이 일상화되어 있습니다. 일하러 오는 것이 신난다는 직원들이 많은 품질보증팀에서는 오늘도 일에 대한 열기가 뜨겁게 뿜어 나옵니다.

이윤이 적은 조직이나 생산성이 낮은 일터에서 일하는 구성원들은 언제나 마치 죄를 지은 것처럼 의기소침해져 있다. 윗사람들의 전략적 판단이 잘못되어 수행한 업무에서도 결과는 늘 힘없는 구성원들의 탓으로 돌아간다.

하지만 일터에서 대부분의 구성원들은 자신이 맡은 일을 성공시키기 위해 엄청난 노력을 쏟아붓는다. 매 순간 최선을 다하기는 어렵지만, 나태해지는 것을 좋아해서 안주하는 사람은 드물다.

리더의 생각과 행동이 구성원을 열정적으로 만들기도 하고 복지부동하게 만들기도 한다. 리더 스스로 내일 일을 알지 못한다고 해서 오늘 이 순간 노력을 포기한다면 일터는 물 없는 사막으로 변하고 만다. 되지 않을 것이라는 포기보다는 "해보지 않았잖아."라고 자신을 북돋우려는 노력이 1년 뒤, 10년 뒤 자신의 모습을 다르게 만든다.

인재 육성의 비결은
지식과 기술의
공유이다

서로 어우러져 살아가는 세상에서 나눔만큼 사람의 마음을 넉넉하게
만드는 것은 없다. 나눔은 서로 공감할 수 있는 폭을 넓혀 줄 뿐만 아
니라 서로를 인정하고 수용하는 마음을 갖게 한다. 공감의 폭이 넓어
질수록 갈등은 줄어들고 성과는 좋아진다. 일터에서 자신만 갖고 있
는 유일한 전문성이나 기술은 없다. 자신의 재능을 계발하고 지식을
쌓아 갈 수 있는 가장 빠른 방법은 내가 가진 재능과 지식을 다른 사
람과 나누는 것이다. 자신의 지식과 정보를 많이 나누는 사람일수록
일터에서 필요한 인재로 인정받는 모습을 많이 볼 수 있다.

길영우 과장은 오늘 기술 명장의 명예 헌장을 받는 날입니다. 길 과장이 다니는 회사는 디스플레이 액정 원료를 가공·제조하는 연매출 3조원이 넘는 중견 기업입니다.

오늘의 길영우 과장이 있기까지는 길 과장의 사수였던 강맹수 이사를 빼놓을 수 없습니다. 길 과장이 강 이사의 부서로 오게 된 것은 10년 전입니다. 강 이사는 당시에 제조공정의 팀장을 맡고 있었습니다.

새로 오는 직원들에 대한 환영식은 대체로 회식으로 하던 시절 인데, 당시 강맹수 팀장은 길영우 대리에게 환영 메일을 보냈습니다. "길영우 대리, 우리 부서로 오게 된 것을 환영합니다. 알다시 피 우리 부서는 야근이 많습니다. 그리고 공정에서 특정 파트에서 특히 문제점이 많이 제기됩니다…(중략)" 길 대리는 한 번도 경험 하지 못한 팀장의 자상한 환영 메일을 받고 무척 당황했습니다. 첫 출근 날 아침에는 팀원들이 서로 다가와 환영해 주는 모습에 또 한 번 놀랐습니다. 그 순간 이미 오랜 시간 함께 일한 동료처럼 느껴졌습니다.

그리고 새 부서로 출근한 첫날 강맹수 팀장과 했던 면담을 평 생 잊지 못합니다. 길 대리의 눈길을 가장 먼저 끈 것은 책꽂이에 '내 자식을 키우는 마음으로'라는 제목과 함께 꽂혀 있던 12명 팀 원들의 개별 육성 노트였습니다.

공장 전체에 떠도는 말이 헛소문이 아니라는 것을 실감했습니 다. 사자가 새끼를 키우듯 구성원들의 업무 능력을 최고로 끌어

올리는 사람이 강맹수 팀장이라고 소문이 나 있었습니다. 그래서 당시에 강 팀장과 함께하는 구성원들은 3년이 지나면 서당개 풍월 읊듯이 생산 과정과 라인을 꿰뚫게 된다는 것입니다.

강 팀장은 길 대리와 면담하면서 그의 능력과 잠재적 역량과 조직에 기여할 수 있는 것이 무엇인지 꼼꼼히 질문했습니다. 그리고 다음 분기에 면담 때까지 개인적으로 향상시켜야 할 능력과 지식을 세밀하게 지적하고 배울 수 있는 사람을 연결해 주었습니다.

강 팀장이 사원 시절부터 기록한 사건·사고 그리고 문제 발생 시기, 조치 방법 등이 적혀 있는 업무일지는 이순신 장군의 난중일기만큼이나 구체적이었습니다.

그 덕분에 강 팀장은 일찍이 기술 명장의 반열에 올랐습니다. 자신의 성장을 위해 노력했을 뿐만 아니라 함께하는 팀원들도 예외 없이 동참시켰습니다.

교대 시간 때는 반드시 1시간은 개인 학습을 하고 퇴근해야 했습니다. 이 규칙은 길 대리가 과장이 된 지금도 팀의 보이지 않은 규칙이며 지금도 잘 지켜지고 있습니다. 분기마다 팀장은 구성원들과 심도 깊은 개인 상담을 진행했습니다. 매번 면담이 기다려지는 것은 팀원들이 이 시간을 통해 자신의 성장 수준을 잘 알 수 있기 때문이었습니다.

강 팀장은 그들의 사생활뿐 아니라 업무 능력이 얼마나 향상되었는지 개인 향상도를 기록해 두었습니다. 부족한 부분은 직접 필요한 인적·물적 자원을 찾아 직원들이 활용할 수 있도록 지원

일 잘하게 하는 리더는 따로 있다

해 주었습니다. 눈코 뜰 새 없이 바쁜 일상 업무 중에 어떻게 그렇게 자세히 파악할 수 있었는지 지금도 불가사의하게 생각됩니다.

당시 강맹수 팀장은 조직에서 가장 훌륭한 멘토로 알려져 있었습니다. 길 과장은 이런 팀장의 아낌없는 지원과 지도 덕분에 오늘 회사에서 주는 기술 명장의 훈장을 받게 되었습니다.

빠른 승진을 한 강맹수 이사와 함께 일한 많은 구성원들이 명장의 전당에 들어가는 영광을 차지했습니다. 그가 입버릇처럼 강조하는 문구가 있습니다. "지식은 나누지 않으면 퇴물이 되며 기술은 전수하지 않으면 고물이 된다." 그와 함께 일했던 구성원들은 모두 지금 이 조직에서 가장 훌륭한 서번트가 되어 있습니다.

현재의 길 과장도 함께하는 구성원들을 지도하고 지원하는 데 하루의 절반 이상을 보냅니다. 다른 조직에서 인재를 데려가려고 할 때 일순위로 꼽히는 인재들이 길 과장 팀에는 수두룩합니다.

"뛰는 놈 위에 나는 놈 있다."는 옛말처럼 아무리 자신이 독보적인 존재라고 자부할지라도 60억 명 인구와 경쟁한다면 자신이 가진 기술과 지식은 보잘것없는 것이다. 그러나 겸허한 자세로 다른 사람의 성공과 성장을 위해 자신의 기술과 지식을 활용한다면 어떨까? 지식은 나눌수록 더 해박해진다.

언젠가 조직 생활을 마감할 때가 되어도 마감되지 않는 것이 하나 있다. 보수·직위·직급도 자리도 모두 사라지지만, 자신이 육성한 인재는 조직 곳곳에서 꽃을 피우고 남아 있다.

찍히면 끝나는
조직에
창의성은 없다

자신과 취향이 다르고 생각이 다른 사람과 친밀해지는 것은 쉽지 않다. 처음에는 자신과 특성이 다른 사람이 매력적으로 느껴지지만, 사사건건 부딪치는 생각의 차이는 결국 찰떡궁합을 모래알 궁합으로 바꾼다. 그래서 권력이나 부를 가진 사람들은 그 힘을 이용하여 자신과 생각이 다른 사람을 몰아내기도 한다. 그 결과 자신은 고립되어 간다. 그렇지만 창의성이 넘치는 자리에는 자신과 다른 사람을 인정하고 수용하는 너그러움이 항상 함께 존재한다.

김지우 씨는 요즘 김무상 팀장에게 찍힐까 봐 노심초사하면서 지냅니다. 요즘처럼 취업이 어려운 때에 운 좋게 지금의 건설회사에 입사했습니다. 그리고 2년 동안 기획팀에서 업무를 배우며 순탄한 조직 생활을 해왔습니다. 그런데 지난 해 김지우 씨는 정보전략 팀으로 인사 발령을 받았습니다.

김무상 팀장은 평소에 자기 감정을 잘 추스리지 못하는 사람이라는 소문이 퍼져 있어서 해당 팀으로 출근하기 전날 잠을 이룰 수 없었습니다. 아니나 다를까 배치 받은 첫날, 선배 대리가 팀장 앞에서 망신당하는 걸 보았습니다. 그 순간, 그 자리에서 도망치고 싶었습니다.

평소에 팀장의 신임을 받지 못하는 한 동료가 있습니다. 한번은 회식 장소에서 팀장은 그 직원에게 "너 그럼 잘하는 게 뭐야?", "그러고도 월급을 받아 가냐?", "밥값도 못하는 놈, 지금 술이 넘어가냐?"라고 폭언을 퍼부었습니다. 그 동료가 며칠 전 타부서의 테크놀로지 관련 지원을 지연한 탓에 김 팀장이 임원에게 야단을 맞았기 때문입니다.

그날 팀원들 모두 줄초상 나는 줄 알았습니다. 임원에게 불려 갔다온 팀장은 다른 팀들이 보는 앞에서 그 동료에게 화풀이를 했습니다. 그걸로 끝난 줄 알았는데, 회식 때마다 그 일을 떠올리며 반복해서 무안을 주었습니다. 함께 있는 팀원들과 다른 테이블의 손님들조차 눈살을 찌푸렸지만 팀장은 아랑곳하지 않았습니다. 마치 자기 할 말만 하면 된다는 식이었습니다.

생각이 곧 말이요 행동이다

이런 분위기가 어찌 회식 자리뿐이겠습니까? 평소 사무실에서도 마찬가지입니다. 워낙 목소리가 커서 조금만 소리를 높여도 사무실 전체가 울립니다. 개인 면담을 할 때도 팀장 자리에서 큰 소리로 하다 보니 사생활이 전 직원에게 공유되고 맙니다.

이런 식이라면 개인 면담이라고 보기 어렵지 않나요? 당연히 동료들은 김무상 팀장과 대화하기를 꺼립니다.

지난 월요일도 아침에 출근하자마자 무슨 일인지 평소에 못마땅해하던 그 동료를 사무실이 떠나가도록 꾸짖고 있었습니다. "머리를 가진 사람이야?", "제정신으로 처리한 것으로 보이지 않아."라고 인격 모독성 발언을 늘어놨습니다.

그 동료가 처음부터 그리 무능하게 찍히지는 않았습니다. 평소에 누구보다도 성실하고 일을 잘하는 사람이었습니다. 한 번의 실수로 김 팀장에게 찍힌 그 동료는 매일 다른 팀원들보다 1시간이나 일찍 출근합니다. 하지만 지금 그 동료는 점점 자신감을 잃어 갑니다. 혹시 자신이 맡은 업무에 실수가 생길까 봐 챙기고 또 챙깁니다. 자기 일에 점점 자신이 없어진 동료는 다른 동료들에게 조언을 구하기도 합니다. 결국 그 동료는 다른 곳으로 옮겨 가게 됐습니다.

김 팀장은 자신과 생각이 다르거나 마음에 들지 않는 직원은 무슨 수를 써서라도 걸러내는 것 같습니다. 다른 직원이 보는 앞에서 집중적으로 혼을 내서 그 사람으로 하여금 못 견디게 하는 행동은 팀장이 구성원들을 권위적으로 통제해 보려는 것으로밖에 보이지 않습니다.

이 사건 이후로도 팀장은 마음에 들지 않는 또 다른 사람에게 같은 행동을 반복하고 있습니다. 김지우 씨를 포함한 동료들은 팀장의 눈에 찍히지 않기 위해 숨소리도 제대로 못 내고 있습니다.

팀장이 자신의 권위를 통제의 수단으로 사용해 눈 밖에 난 팀원을 무능한 사람으로 취급하는 모습을 볼 때마다 김지우 씨는 일을 더 잘해야겠다는 생각보다는 팀장에게 찍히지 않으려는 노력부터 하게 됩니다.

일터에서 구성원들의 창의적인 생각과 행동, 그리고 업무 개선을 막는 가장 큰 장애 요인은 리더의 리더십이다. 리더의 포용 정도가 구성원들의 생각과 행동의 반경을 결정한다.

리더가 자신의 생각에 무조건 환호하거나 아부하는 구성원만 좋아한다면 그 조직은 정치적 행위가 성공의 조건이 된다. 사람은 누구나 다른 사람의 비판을 불편해하는 본능이 있다. 그러나 성공하는 조직은 늘 건전한 비판이 수용되는 문화가 갖춰져 있다. 구성원들이 창의적이기를 바란다면 조금은 엉뚱해 보이는 생각도 존중해 주고, 독창적인 아이디어가 적극적으로 지지 받을 수 있는 환경을 만들어야 한다.

리더의 사고 틀에 구성원들을 맞추는 것이 아니라 구성원들의 개성과 다양성에 리더의 사고와 행동이 적응될 때에야 창의성은 꽃을 피우고 열매를 맺게 된다.

생각이 곧 말이요 행동이다

열 아 홉 번 째

배려하는
리더십이
기적을 만든다

많은 사람이 평생에 걸쳐 최고 가치로 두고 추구하는 명예, 권력, 돈
은 시간이 흐르면 언젠가는 사라지는 것들이다. 이러한 것들을 얻기
위해 평생 피나는 노력을 했던 사람들은 그것을 얻은 후에는 허탈감
을 이기지 못해 절망한다. 그럼에도 불구하고 사람과 사람이 어우러
져 사는 세상에서 변함없이 사람을 행복하게 만드는 것이 있다면, 언
제나 나를 있는 그대로 믿어 주고 알아주는 사람의 마음이다. 이것은
인생에서 거둔 진정한 성공 중 하나로 꼽힌다.

조이성 주임이 근무하는 회사는 국내 굴지의 대기업입니다. 조 주임은 디스플레이 사업부문의 구매팀에서 일하고 있습니다. 구매팀에서는 최대한 비용을 절감할 수 있는 가격에 원료를 구입하는 일부터 여러 가지 집기 구입에 이르기까지 처리해야 할 일이 많습니다.

그래도 조이성 주임과 함께하는 동료들은 많은 일을 진행하는 데 서로 큰 충돌 없이 원활하게 잘 처리하고 있습니다. 그것은 온전히 구매팀을 잘 이끌어 주는 김수성 팀장 덕분입니다.

김수성 팀장은 평소에 일관성 있는 자상함으로 구성원들의 애로 사항을 해결해 줍니다. 김 팀장은 팀원들 개인의 사정을 잘 헤아려 주고 이해하기 위해 노력합니다. 구매팀의 특성상 늘 야근이 잦으며 일이 많지만 팀장은 팀원들이 일터와 가정생활 사이에서 균형을 유지할 수 있도록 배려합니다. 일 때문에 가정에 소홀하지 않게 하기 위한 방법 중 하나로 팀원들이 서로 돌아가면서 조기 퇴근과 유연 근무를 할 수 있도록 업무 환경을 바꾸었습니다.

조 주임은 김 팀장에게 고마운 마음을 잊을 수 없습니다. 조 주임이 원료 구매 업무를 처음 맡아서 진행하다가 큰 문제가 발생했던 적이 있었습니다. 처음 맡은 일이라 어렵고 힘들게 작업하고 있었는데, 결국은 일이 터지고 만 것입니다. 문제를 혼자서 처리하기에는 사건이 너무 커져 버렸습니다. 혼자서 문제를 해결하려다가 오히려 더 큰 화를 불러일으킨 꼴이 되고 만 것입니다.

사고를 보고 받은 김 팀장은 먼저 조 주임의 업무 처리 과정을 조용히 들었습니다. 자초지종을 다 파악한 팀장은 조 주임과 함께 담당 임원에게 갔습니다. 궁지에 몰린 상황에서 팀장은 조 주임을 변론하기 시작했습니다. 도리어 상대 회사의 편에 서서 문제를 비난하는 임원에게 김 팀장은 자신이 문제 해결을 위해 시킨 일이라며 책임을 떠안았습니다. 당연히 팀장은 임원에게 엄청나게 깨졌습니다. 임원실을 나올 때 팀장 얼굴을 보면서 조 주임은 고개를 들 수가 없었습니다.

항상 팀원들이 일을 잘하고 팀워크를 통해 이끌어낸 성과에 대해서는 팀원들의 공이라고 보고하고, 결정적으로 본인의 경력에 손해되는 팀원의 실수에도 기꺼이 책임을 떠안는 팀장의 모습을 보면서 팀원들은 한결같이 팀장을 위해 헌신하려고 노력합니다. 이런 김수성 팀장을 믿고 조이성 주임은 오늘도 힘차게 달립니다.

평소에는 자상하게 챙겨 주다가도 막상 책임질 일이 생기면 팀원의 탓으로 돌리면서 슬그머니 빠져나가는 리더들을 자주 본다.

조직에서 성공하려면 자신의 성공을 도와주고 격려해 주는 사람들을 곁에 두어야 한다. 자신이 아무리 긍정적이고 도전적이라 할지라도 매일 8시간 이상을 함께 지내야 하는 동료나 상사가 냉소적이고 부정적이라면 자신의 의지대로만 생활하기는 쉽지 않다.

진정으로 다른 사람의 성공과 성장을 지원하고 이끌어 주는 서번트 리더를 만나는 것은 조직 생활에서 가장 큰 축복이다. 또한 선의의 경쟁 속에서 서로의 성공을 진심으로 축복해 주고 인정해 주는 동료를 만난다면 금상첨화의 조직 생활을 할 수 있다.

그런데 어려운 상황이 닥쳤을 때 한결같이 자상함을 잃지 않으며 아랫사람의 실수에 스스로 책임지는 리더의 모습을 갖춘다는 것은 쉬운 일이 아니다. 그것을 알기 때문에 항상 자신의 행동에서 원인을 찾는 리더, 진심을 담아 구성원들을 배려하는 리더에게서 눈물겨운 노력과 인내를 배우게 된다. 그러한 리더는 조직에서 항상 성공의 기적을 일으키는 힘을 가지고 있다.

변화에 둔감한
리더는
꼰대일 수밖에 없다

살아 있다는 것은 끊임없이 배우는 과정이다. 매일 매시간 새로운 지
식이 기하급수로 업데이트되는 정보화 사회의 가장 큰 특징은 누구
나 어디서든 무엇이든 배울 수 있는 시대가 열렸다는 것이다. 과거
경험으로 지금 시대를 살아가기에는 사회 환경이 너무 가파르게 변
하고 있다. 학습이 일상적인 습관이 되지 않으면 과거에 머물러 뒤처
지는 인생을 살아갈 수밖에 없다. 밀레니엄 시대의 일터는 업무가 곧
학습이며 학습이 곧 업무가 된다. 일터에서 학습은 업무 현장에서 구
체적인 결과로 나타나야 한다. 이렇듯 변화를 만들어내는 진정한 배
움은 내 안의 아집과 편견, 과거 경험을 솎아낼 때 이루어진다.

최영철 과장은 요즘 직속 상사인 필재영 팀장 때문에 스트레스가 이만저만이 아닙니다. 지난주 술자리에서 필 팀장은 팀원들의 능력 향상에 대해 이야기하면서 자신의 능력 향상에 대한 경험담을 늘어놓았습니다.

필 팀장이 사원이던 시절 그의 상사는 독특한 부하 육성 방법을 가지고 있었다고 합니다. 그의 상사는 퇴근 시간 30분 전에야 팀원들에게 할 일을 지시하고는 곧바로 이어서 술을 마시러 갈 것을 강요했습니다. 당시에는 상사의 명령을 거역할 수 없어 모두 따라갔고 밤새도록 술을 마시게 됐습니다. 그러니 전날 받은 일을 할 시간이 없었던 것은 당연했습니다. 그렇지만 다음 날이 되면 상사는 술자리를 강요했던 자신의 행동은 생각하지도 않고, 업무 진행을 점검하면서 매우 야단을 쳤던 거죠.

그래서 사원 시절 필 팀장은 술을 마시는 일이 있어도 꼭 사무실에 다시 들어와 상사가 지시한 업무를 밤새워 해냈다고 하는 이야기입니다.

최 과장과 팀원들은 술자리 때마다 이해할 수 없는 이러한 경험담을 들어야만 했습니다. 팀장의 그런 방식을 교육이나 능력 향상의 차원으로 볼 수는 없었습니다.

그날 술자리에서 또 어김없이 튀어나오는 필 팀장의 부하 육성관을 듣고서 최 과장이 이의를 제기했습니다. 요즘은 시대가 바뀌어 퇴근 전에 일을 부여하는 것은 맞지 않다고 말했습니다. 그리고 서로 논의하고 계획하고 팀원의 사정도 고려하면서 일하는 것이 더 나은 방법 같다고 자신의 생각을 얘기했습니다.

그러자 필 팀장은 업무에 대한 적극성이 떨어진다며 최 과장에게 비난의 화살을 돌렸습니다. 뜬금없이 자신의 업무에 대해 질책을 받은 최 과장은 당황할 수밖에 없었습니다.

그날 이후 필 팀장은 시간이 날 때마다 최 과장을 닦달했습니다. 그렇게 생각을 하고 있으니 아랫사람들이 최 과장을 우습게 본다며 면박을 주고 있습니다.

팀장의 이런 부당한 처사에 대해 제대로 말도 할 수 없는 최 과장은 요즘 동료들의 눈치를 보게 됩니다. 동료들도 과거의 방법만이 옳다고 주장하는 팀장에 대해 불만이 많습니다. 최 과장은 사회 환경과 시장 변화에 대한 필 팀장의 인식이나 판단이 융통성이 없다고 생각하지만, 그런 점을 이야기할 때마다 주제는 빗나가고 개인 업무 쪽으로 화살을 날리니 대화를 나눌 수가 없습니다.

필 팀장의 이유 없는 고집 때문에 업무가 엉뚱한 방향으로 흐르는 경우가 한두 번이 아닙니다. 필 팀장은 자신의 경험과 기준이 무조건 옳다고 주장합니다. 팀에서 일어나는 모든 일에 대해 자신의 과거 경험을 바탕으로 풀려고만 하다 보니, 기본적이고 합리적인 기준에 따라 처리한 경우보다 부정적인 쪽으로 결론이 나오고 있습니다. 이런 경우 책임은 팀원들이 져야 합니다.

리더가 공부도 하지 않고 변화하는 사회 현상에 대한 통찰력을 키우지도 않으면서 어떻게 수시로 변화하는 환경에서 팀 전체를 주관하고 이끌 수 있을까요!

성공하는 사람은 실패의 원인을 자신에게서 찾고, 평범한 사람들은 일이 잘못되는 경우 늘 환경을 탓한다. 공부를 못하는 것은 부모의 두뇌 탓이고, 집안이 화목하지 못한 것은 배우자 탓이라고 한다. 일터에서 능력을 발휘하지 못하는 것도 조직이 자신을 알아주지 못해서 그렇다고 탓한다.

이런 사람들은 주변 상황이 바뀌면 모든 것이 좋아질 것이라고 핑계 삼고 그다지 노력하는 모습을 보이지 않는다. 과거 경험에 사로잡혀 있는 윗사람 때문에 자신까지 과거의 그물에 걸려 있을 필요는 없다.

일터에서 성공하는 사람들은 자신의 노력이 부족해서 상황이 제대로 풀리지 않는다고 생각한다. 그래서 그들은 늘 실패에 머무르지 않고 끊임없이 노력한다.

톨스토이가 말한 것처럼 대부분의 사람들은 세상과 다른 사람들을 바꾸려고 한다. 하지만 자기 자신을 바꾸려고 생각하는 사람은 드물다. 그래서 자신을 바꾸기 위해 애쓰는 사람들에게는 경쟁자가 별로 없다. 자신의 편견을 버리고 노력하는 사람에게는 찬란한 미래가 열릴 것이다.

생각이 곧 말이요 행동이다

구성원에 대한
일관성이 응집력을
이끌어낸다

대부분의 사람들은 평소에는 좋은 사람으로 기억된다. 자신과 이해
관계가 없는 상대와 굳이 얼굴 붉힐 이유가 없기 때문이다. 그래서
"그 사람 참 호인이다, 착하다, 좋은 사람이다."라는 말을 쉽게 내뱉
기도 한다. 젊을 때는 상대의 말을 있는 그대로 받아들이는 경우가
많고, 인생의 경륜이 쌓이면 상대의 말보다는 행동을 지켜보게 된다.
자신의 처지가 어려운 상황에서도 다른 사람들에게 첫 만남에서 보
여 주었던 호인적인 너그러움이 바뀌지 않아야 사람다운 것이다. 이
해관계에 상관없이 상대를 먼저 생각하고 행동한다면 그는 분명 누
구에게든 좋은 사람으로 기억될 것이다.

차승우 대리는 지금의 제약회사에 입사한 지 벌써 5년이 지났습니다. 그동안 몇몇 부서를 순환 보직하면서 지금 팀에 정착하게 되었습니다.

그러나 요즘 차 대리는 직속 상사의 무책임한 방관형 관리 때문에 이직을 고민하고 있습니다.

지금 부서로 배치 받았을 때, 차 대리는 의욕이 넘쳤습니다. 강진승 팀장의 세심한 배려와 자상함이 이전의 상사들과는 비교할 수 없었기 때문입니다. 평소에도 이것저것 챙겨 주고 보살펴 주는 팀장의 애정 어린 관심 때문에 차 대리는 이전보다 몇 배 더 열심히 일했습니다.

그런데 요즘 차 대리는 일을 많이 하면 할수록 다친다는 조직의 속설을 뼈저리게 경험하고 있습니다. 자신에게 늘 자상하게 대하면서 일을 처리할 때마다 칭찬을 아끼지 않았던 강 팀장에게서 심한 배신감을 느끼는 일들이 하나둘 생기고 있기 때문입니다.

얼마 전에 연차 휴가를 낸 동료 대신 차 대리가 일을 맡아서 처리하는 과정에서 문제가 발생했습니다. 차 대리는 강 팀장이 평소에 보이던 자상함에 기대해 자신의 실수를 막아 주는 방패막이가 될 것으로 은근히 기대했습니다. 하지만 그것은 착각이었습니다. 막상 일이 터지고 나니 얼마나 야비하고 나쁜 상사인지 알 수 있었습니다. 평소의 배려하는 모습은 온데간데없고, 차 대리가 궁지에 몰리는 상황에서 임원에게 한마디 변론도 해 주지 않았습니다. 오히려 차 대리의 실수를 보면서 능력이 의심스럽다면서 임원의

생각이 곧 말이요 행동이다

편을 드는 것입니다.

동료를 도와주기 위해 자발적으로 그 일을 맡아서 처리하겠다고 했던 자신을 칭찬하면서 고마워했던 팀장이었습니다. 일 진행 과정과 자초지종을 다 알고 있으면서 오히려 임원과 합심해서 차 대리를 비난하는 팀장을 보면서 배신감을 느끼다 못해 일터에 대한 애정까지 떨어졌습니다.

그 일을 겪은 후에 안 일이지만, 강 팀장은 팀원들이 일을 잘해서 팀 성과가 좋으면 마치 본인이 다한 것처럼 위에 보고하면서 팀원들을 바보로 만드는 리더였습니다. 일을 시키기 위한 수단으로 자상하고 배려하는 것처럼 행동하는 것입니다. 그러나 결정적인 순간에 직원을 감싸 주어야 할 상황에는 승진에 누가 될까 봐 마치 몰랐다는 듯이 책임을 회피합니다.

이런 상황을 몇 차례 겪은 다른 동료들도 이제 팀장과 이야기하는 것조차 싫어합니다. 평소에는 부서를 헤집고 다니면서 힘든 것이 무엇인지 물어보고 필요한 것이 있는지 점검합니다. 그런데 지난 시간을 되돌아보니 막상 이것저것 물어봤지만 해결된 것은 하나도 없습니다. 입으로만 자상한 상사, 아무것도 해결해 주지 않으면서 모든 것을 해결해 줄 것처럼 떠벌리는 상사, 그렇지만 자신의 잇속을 챙기는 데는 귀신 같은 상사의 처세술을 보면서 실망감과 더불어 의욕도 사라집니다.

차승우 대리는 이제 팀장의 유들유들한 얼굴조차 보기 싫습니다. 인자한 미소 뒤에 숨어 있는 야비한 리더의 실상을 보면서 사람은 겉모습만 보고 판단할 것이 아니라는 생각을 합니다.

자신의 성공과 성장에만 관심 있는 리더를 만나면 구성원들은 자신들이 이용당하는 느낌을 강하게 갖는다. 조직의 성과를 위해 더 노력하고 헌신할수록 이기적인 상사에게만 득이 된다는 것을 느끼는 순간, 구성원들은 의욕을 상실한다.

　구성원들의 몰입과 헌신을 통한 수고의 위력을 경험하려면 좋은 일이든 궂은 일이든 함께 공유하는 일터의 분위기가 필요하다. 윗사람이 구성원들의 업적을 자기 것처럼 챙기는데, 아무리 좋은 말로 달랜들 그 효과가 얼마나 가겠는가?

　주변 사람들의 응집력을 이끌어내는 원칙은 아주 사소하고 간단하다. 상황이 어려울 때도 일관성 있게 배려하는 행동이 한결같아야 한다. 잠시 힘든 상황을 모면하기 위해 함께하는 구성원들에게 상처를 준다면, 이후로는 그들의 헌신과 수고를 기대하지 말아야 할 것이다.

　상대가 자신을 곤란한 상황으로 몰고 가더라도 그를 이해하려고 노력하는 리더에게서 구성원들은 진정한 인간성을 느낀다.

생각이 곧 말이요 행동이다

자발적 노력이 배어 있는 일터

성과의 주체를 확실히 하라

1 사람은 누구나 자신이 하는 일의 결과에 대해 정직하게 피드백 받기를 바란다. 조직의 일이란 단독으로 성과를 낼 수 없다. 성과가 크든 작든, 티가 나든 안 나든 다른 사람의 도움을 받게 되어 있다. 다만, 결과의 무게가 다를 뿐이다. 리더가 가장 경계해야 할 것은 구성원의 공을 가로채는 것이다. 구성원들이 자발적 노력을 하게 하려면 그들의 공적을 명확히 인정해 주어야 한다. 재주는 곰이 부리고 열매는 여우가 가져가는 꼴이 된다면, 누구도 기꺼이 자신의 시간과 노력을 할애하려 하지 않을 것이다.

함께 있으면 성장한다는 느낌을 갖게 하라

2 사람들은 자신의 성장과 성공을 위해 피나는 노력을 하지만, 동료의 성장과 성공을 위해 함께 노력하는 사람은 얼마나 될까? 리더가 지속적인 성공을 꿈꾼다면 팀 성과 창출을 위해 함께 일하는 구성원들의 경력 계발에 아낌없는 지원과 관심을 보여야 한다. 리더가 구성원들의 미래를 위해 진정으로 고민해 주는 행동을 할 때, 그들은 애사심을 가지고 일하게 된다.

3 다른 사람의 장애물을 제거해 주어라

영화 〈라이언 일병 구하기〉는 직위에 관계없이 개인의 인간적 가치를 소중하게 여겨야 한다는 교훈을 남긴다. 사람은 누구나 잠재적 가치와 능력을 가지고 있다. 세계적인 기업 '킨코즈'의 관리자들은 각자 미션을 명확하게 이해한다. 킨코즈 관리자의 핵심 역할은 일선에서 일하는 구성원들이 부딪치는 장애 요인을 제거해 주는 데 있다. 함께 일하는 구성원들에게 더 높은 성과를 기대한다면, 그들이 보다 쉽고 즐겁게 일할 수 있도록 불필요한 장애 요인을 제거해 주어야 한다.

4 학습하는 환경을 만들어라

사람들에게는 군중 심리가 있어서 다수의 생각과 행동에 동조하는 경향이 있다. 팀 문화가 중요한 것은 다수의 구성원들이 생각하고 행동하는 방식이 팀의 업무 수행 과정과 결과를 결정하는 요인이 되기 때문이다. 주어지는 업무에만 충실한 팀에서 적극적이며 창의적인 업무 방식을 기대하기는 어렵다. 공부하는 집단에 속해 있는 개인은 그 분위기를 좇을 수밖에 없다. 그렇지 않으면 자신이 도태되는 느낌을 갖게 되기 때문이다.

5 노력하는 과정을 인정하라

아무리 성과 위주의 보상과 인사고과가 이루어진다고 해도, 조직을 끝까지 이끌어 가는 사람은 정직하고 일관된 성실성으로 노력하는 사람들이다. 신입사원에서 출발하여 조직의 CEO 자리까지 올라간 전문경영인들에게서 나타나는 공통 특성은 일관된 성실성이다. 노력하는 사람의 공로를 인정하는 조직은 구성원들의 능력과 헌신 전부를 얻을 수 있다.

PART 4

새로운 도전에는 반드시 책임 있는 행동이 필요하다

나를 다스릴 때 도전은 시작된다

'내가 왕년에~'라는 태도는 이미 구시대 유물이다

업무 순서는 있지만 하찮은 업무는 없다

성공의 반은 다른 이들의 도움에서 시작된다

낡은 틀에서 벗어나야 새로운 세상이 보인다

실패 후 격려 한마디가 미래를 위한 성장 동력이다

Dr. Cho's Tip

도전의 또 다른 이름은
책임과 배려이다

새로운 도전에는
반드시 책임 있는
행동이 필요하다

더불어 살아가는 세상에서 조화롭게 산다는 것은 공통의 소명과 지
켜야 할 규율이 제대로 작동하는 것을 의미한다. 보편적 가치 기준을
지킨다는 것은 자신의 이익을 위해 다른 사람의 이익을 빼앗거나 상
대를 무시하는 행동을 하지 않는 것이다. 또한 자신의 행동에 따른
결과에 책임지는 것을 의미한다. 어떤 일에서든 개인에게 주어진 책
임을 다하는 것은 공동생활의 기본이다.

김성기 씨의 소속 부서는 올해 새로 생긴 경영지원팀입니다. 그는 새로 생긴 팀인 만큼 부서원들이 부서장과 함께 향후 방향을 명확히 하고 부서의 미션과 규범을 우선적으로 정하고, 각자의 업무를 분장해야 하는 게 순서라고 생각했습니다. 그런데 부서원들은 새로 생긴 팀에 대한 어떤 정보 공유도 없이 몇 달 동안 내내 수시로 주어지는 일만 하고 있습니다.

부서원들 중에서 선배 입장인 김성기 씨는 부서장에게 이런 상황에 대해 문제를 제기했고, 팀 워크숍을 제안했습니다.

조규식 부장은 문제를 제기한 김성기 씨에게 바로 팀 워크숍을 준비하라고 지시했습니다. 논의 차원에서 얘기했다가 갑자기 워크숍 준비 지시를 받은 김성기 씨는 밀린 업무가 많았지만 팀원들이 서로 공유할 내용을 중심으로 워크숍 준비를 진행했습니다. 물론 중간에 부장에게 진행 상황과 워크숍 주제를 공유했습니다.

그런데 부장은 워크숍 일주일 전에 갑자기 김성기 씨를 불러 경영지원팀의 업무 특성상 워크숍의 범위를 넓히고 목적을 변경하라고 지시했습니다.

김성기 씨는 부장의 이런 행동을 이해하기 힘들었습니다. 일주일도 남지 않은 워크숍에 다른 부서를 참여시키는 것도 무리일 뿐만 아니라, 목적이 바뀌는 워크숍을 며칠 내에 다시 준비하는 것은 힘든 일이었습니다. 무엇보다도 이번 워크숍의 목적은 부서 내부의 문제점을 인식하고 향후 비전을 명확히 설정하는 데 있다는 점을 부장에게 다시 보고했습니다.

그렇지만 부장을 설득하는 데 실패한 김성기 씨는 며칠 남지 않은 기간에 다시 부서간 협업 워크숍을 준비했습니다. 그러나 성공적으로 워크숍을 진행하는 데는 실패했습니다. 일부러 시간을 할애해서 워크숍에 참석한 타부서 사람들은 워크숍에 온 이유를 알 수 없다면서 김성기 씨를 질타했습니다.

조 부장을 제외한 모든 부서원들은 이런 결과를 예상하고 있었습니다. 신설 부서가 나아갈 방향과 미션도 설정되지 않았는데 어떻게 타부서와 협업을 이야기하고 교류를 요청할 수 있겠습니까? 부장은 워크숍 준비 과정에 받은 보고 내용을 건성으로 듣고 답한 것이 틀림없습니다. 상사의 이런 일관성 없는 지시와 무책임한 독선적 리더십은 신설 부서의 이미지를 추락시켰을 뿐만 아니라 김성기 씨의 입장에서는 다른 부서에 치명적인 오류를 범하는 결과를 낳게 된 것입니다.

때로는 조직에서 서로 지켜야 할 규범이나 약속이 하찮게 여겨지는 경우를 경험하게 된다. 그리고 그것을 강조하는 사람에게 뜻하지 않은 과업과 책임이 부여되기도 한다.

좋은 생각, 새로운 제안을 하는 사람에게 그 일을 하도록 강요한다면 어느 누구도 기꺼이 제안하려고 하지 않을 것이다. 결과가 성공적이면 모두의 업적이 되고, 실패하면 제안하고 추진한 사람에게 고스란히 책임이 떠넘겨지기 때문이다.

새로운 환경에서 미래에 도전하는 것은 분명 가슴 설레는 일이다. 새롭게 출발하는 결혼 생활, 새로운 직장 생활, 신설 부서에서 새로운 마음으로 일하는 것은 분명 도전적이다. 그런데 이 도전에 동참하는 사람들이 함께 책임지는 태도를 보이지 않는다면 구성원들은 도전할 용기와 의욕을 상실하게 된다.

새 술은 새 포대에 담아야 하듯이 새로운 환경에서는 낡은 생각과 나태한 습관을 벗어던질 줄도 알아야 한다. 함께 머리를 맞대고 공동체의 비전과 공동의 가치를 고민해야만 성공하는 팀을 만들 수 있다.

그렇다고 무능한 상사에게 의존만 하고 바라보고 있으면 안 된다. 다른 사람에게 미룬 책임을 자신의 몫으로 돌리는 순간 당신은 자신에게 도전하는 새로운 내면의 힘을 발견하게 된다.

도전의 또 다른 이름은 책임과 배려이다

나를 다스릴 때
도전은
시작된다

사람은 감정의 동물이어서 슬플 때 슬퍼하고, 기쁠 때 기뻐하며, 화가 날 때는 화를 낼 수 있다. 심리학자들은 사람이 화가 날 때 그것을 안으로 삼키면 마음의 병이 생긴다고 하는데 이것이 '화병'이다. 하루를 되돌아보면 화로 시작해서 화로 끝난다고 할 만큼 크고 작은 일에서 화가 치밀거나 짜증나는 일이 많다. 그런데 저마다 화가 난다고 감정을 모두 밖으로 표출한다면 세상은 아비규환이 될 것이다. 그렇다고 실제 느껴지는 감정을 억누르는 것 또한 어려운 일이다.

차재호 대리는 대형 유통업체의 전략기획팀에서 일하고 있습니다. 이 팀의 팀원들은 유별난 성격을 가진 강대식 팀장 때문에 매일 천국과 지옥을 오가는 기분입니다.

팀원들의 하루 일과 시작은 팀장의 기분을 살피는 것입니다. 강팀장은 자신의 감정을 억제하지 못하는 것 같습니다. 좋은 것이든 싫은 것이든 전혀 필터에 걸러지지 않은 채 쏟아져 나옵니다.

그날은 차재호 대리가 지옥 가는 날이었습니다. 오전 11시에 고객 관리와 관련해서 팀장과 회의를 하기로 되어 있었습니다. 아침에 출근한 강 팀장의 표정은 썩 나쁘지 않았습니다. "다들 잘 잤어?" 상쾌하게 손을 흔들며 인사를 먼저 했기 때문에 팀원들은 안도의 숨을 쉬었습니다. 차 대리도 오늘 미팅은 무사히 지날 것 같아서 기분이 좋았습니다. 그런데 9시 반쯤 전무의 호출이 있었습니다. 원래 팀장은 윗사람들에게 잘하기 때문에 별로 걱정하지 않았습니다. 한 시간쯤 후 자리로 돌아온 팀장의 얼굴이 일그러져 있었습니다.

윗사람에게 어떤 꾸지람을 들었는지는 모르지만, 우리는 모두 회의실로 호출되었습니다. 강대식 팀장은 감정을 억제하기 힘들었는지 아무런 영문도 모르는 팀원들을 일방적으로 나무라며 분풀이했습니다. "대체 일을 어떻게 하길래 내가 위에 불려 가게 만들어?", "너희 같은 것들하고 일하니까 자꾸 펑크가 나잖아?", "이러고도 밥이 넘어가?" 처음에는 이런 상황에 적응하지 못했습니다. 그러나 요즘은 "또 무슨 일이 있었기에 저러나." 하고 한

도전의 또 다른 이름은 책임과 배려이다

귀로 듣고 한 귀로 흘립니다.

차 대리는 팀장에게 11시에 고객 자료 분석 건으로 회의를 해야 한다고 말했습니다. 팀장은 갑자기 회의할 기분이 안 난다며 취소했습니다. 그러다가 10시 50분쯤 갑자기 차 대리를 불러 고객 자료 분석 건이 어찌 되고 있느냐고 다그쳤습니다. "팀장님이 오늘 미팅에서 방법을 함께 찾아보자고 하셨는데요."라고 얘기를 했더니, 갑자기 소리를 지르면서 그런 것까지 자신이 챙겨야 하느냐고 했습니다. "대리 정도면 혼자서도 알아서 해야지 그렇게 일하면서도 대리라는 말이 듣고 싶으냐."면서 면박을 주었습니다.

이유 없이 당하는 것이 좋아서 적응하는 것은 절대 아닙니다. 그래도 계속해서 같이 지내야 하는 팀장이니까 급한 성격과 감정을 억제 못하는 습관을 이해해 보려고 노력하는 것입니다. 그러나 차 대리는 강 팀장이 위에게 뺨 맞고 아래 와서 화풀이하는 것 같아 힘듭니다.

그런데 가끔은 강 팀장의 이런 예측 못할 행동이 좋은 경우도 있습니다. 무슨 일인지 기분이 좋은 날은 결재도 척척, 휴가 허락도 척척, 본인이 쏜다고 다들 집합시키기도 합니다. 차 대리는 술을 좋아해서 바로 달려가지만, 퇴근 후에 개인 일정이 있는 팀원들은 투덜거립니다. 그래도 이유 없이 화내는 것보다 훨씬 좋습니다.

이제는 하도 상사의 눈치를 살피다 보니 팀원들끼리 서로 눈빛

만 봐도 척 하면 척입니다. 오늘은 몸을 사려야 할지 미루어 놓았던 결재를 맡아야 할지 금방 알 수 있습니다.

제안하는 안건마다 딴죽 거는 얄미운 동료, 딱히 잘못한 것도 없는데 인상을 찌푸리는 리더, 도와줘도 될 것을 회사 규정을 들먹이며 은근히 골탕 먹이는 타부서 사람들 …. 일터에서 화를 돋우는 일들은 시도 때도 없이 여기저기서 나타난다.

　이런 화나는 일들을 참으면 마음의 병이 되지만, 화를 다스리면 마음의 평온을 얻게 된다.

　사람은 감정의 동물이지만, 동시에 감정을 다스릴 줄도 안다. 화를 다스리는 것은 인내하는 훈련을 통해 자신의 마음을 수련해 갈 때 가능하다. 화내는 사람에게 적응하는 것이 아니라, 자신의 화를 다스릴 줄 아는 연습을 한다면 어느 순간에는 화내는 사람이 가엾어 보인다. 그렇게 화를 다스릴 줄 아는 자신을 발견하는 순간, 평범함을 넘어서서 자신이 비상하고 있다는 것을 느끼게 된다.

도전의 또 다른 이름은 책임과 배려이다

스물네번째

'내가 왕년에~'
라는 태도는 이미
구시대 유물이다

자신에 대한 기대 수준은 자긍심의 수준을 뜻한다. 높은 기대 수준은 사람의 내면에 숨겨진 잠재 능력을 표출시키게 만들 뿐만 아니라 기대 수준에 도달하기 위해 끊임없이 노력하게 만든다. 완벽한 인생에 대한 기준은 없다. 그러나 정체되어 있는 에너지를 끌어올리는 방법은 자신에 대한 기대 수준을 높이는 것이다.

조훈 팀장은 국내 굴지의 광고기획사에 근무하고 있습니다. 그가 다니는 회사에서는 영업 실적이 나아지지 않자 외부 인사를 영입하기에 이르렀으며, 광고영업 총괄을 맡을 장기만 본부장이 오게 되었습니다.

그런데 조훈 팀장은 장 본부장 때문에 퇴사를 심각하게 고민하고 있습니다. 함께 일하는 팀원들은 모두 새로 온 얼굴입니다. 팀원들은 마의 3개월 근무 기간을 넘기지 못하고 자꾸만 교체되는 상황입니다. 모든 것이 장기만 본부장의 리더십 탓입니다. 이제는 근무 8년째인 조 팀장조차도 이직을 고민하고 있는 상황입니다.

조 팀장은 장 본부장이 주관했던 첫 회의를 잊을 수 없습니다. 서로 상견례를 한 회의는 자신의 과거 영업 실적에 대한 자랑으로 일관됐습니다. 광고 업계의 모든 영업 전략은 마치 본인이 다 기획하고 실행해서 성공한 것처럼 말했습니다. 회의는 무려 2시간이 훌쩍 넘었습니다.

그 후 본부장은 직위에 관계없이 누구나 일 대 일로 자신과 업무 관련 면담을 하게 될 것이라고 말했습니다. 일주일 동안 본부장과의 면담이 진행되었습니다. 면담 과정에서 팀원들은 본부장에게 불려 가 2~3시간 이상 본부장의 영업 실적 자랑을 또 들어야 했습니다.

그런데 막상 팀원들이 보기에 본부장은 광고 시장의 변화를 제대로 파악하지 못하는 것 같았습니다. 과거의 성공 사례만 늘어놓으면서 면담 시간을 허비하는 본부장에게 적응하기 힘들었습

도전의 또 다른 이름은 책임과 배려이다

니다. 업계 특성상 구성원들은 빠른 시장 변화나 환경을 제대로 읽어야 할 뿐만 아니라 고객 요구에 빠르게 응대해야 합니다. 그런데 수시로 호출하는 본부장 때문에 업무를 제대로 할 수가 없었습니다.

본부장이 온 이후로는 구성원들은 잦은 야근에 시달렸습니다. 회의는 꼭 퇴근 시간 한 시간 전에 시작합니다. 회의가 시작되면 2시간은 기본입니다. 영업 실적이 나쁜 달에는 짜증과 고성이 자주 오갔습니다. 팀원들은 회의를 할 때마다 고객사의 입장을 전혀 고려하지 않는 본부장의 영업 지시에도 시달립니다. 때로는 이의를 제기하다가 "그따위로 일하려면 그만둬.", "나는 이렇게 일했어."라는 식의 질책을 받았습니다.

수시로 회사를 그만두는 팀원들과 본부장의 너무도 일방적이고 과거 경험에 의지한 지시 때문에 중간관리자인 조훈 팀장은 괴롭기만 합니다.

얼마 전 조훈 팀장은 장기만 본부장이 지시한 대로 새로운 영업 기획안을 만들어 보고했습니다. 그런데 본부장은 갑자기 자신이 좋아하는 파란색이 약간 다르다는 이유로 대뜸 야단을 쳤습니다. 그것은 바로 고칠 수 있으니 내용을 검토하면 어떨까 건의를 하자 갑자기 화를 내면서 그런 것 하나 제대로 못 맞추는데 내용인들 오죽하겠느냐고 하더군요.

물론 수시로 겪는 상황이지만 너무 황당해서 아무 말도 못하고 있는 조 팀장에게 본부장은 관리자가 그 모양이니 팀원들이 자꾸

나가는 것이라고 말했습니다. 마치 본인은 아무런 문제가 없는데 관리자가 잘못해서 지금의 조직이 엉망이라는 말투는 도저히 받아들일 수 없었습니다.

현재 상황은 고려하지 않고 무조건 다그치면 결과는 나오게 되어 있다는 본부장 방식의 성과 논리를 이제는 더 이상 감당할 수 없습니다. 지겹도록 반복되는 과거 성공담이 학습의 전부인 장기만 본부장과 이제는 더 이상 일하고 싶은 생각이 없습니다.

사람들은 자신을 다른 사람들과 차별화시키고 싶은 욕구가 강하기 때문에 자신의 성공담을 이야기하기 좋아한다. 특히 조직에서 리더는 과거의 성공담이 마치 지금의 지위에 권위를 부여해 주는 것처럼 착각하는 경우도 많다.

그런데 막상 과거 성공담을 자주 이야기하는 리더들은 실제로 업무에서 일방적인 자기중심적 리더십 행동을 보이는 경우가 많다. 지식·정보 시대의 일터는 다양한 정보와 생각들이 흘러 들어와야 좋은 성과를 만들어낼 수 있다. 그래서 일과 학습이 동시에 일어나는 일터를 요구한다.

과거의 성공은 과거일 뿐이다. 지금 이 순간, 새로운 정보를 접하고 지식을 공유하는기 위해 얼마나 많은 시간을 투자하는지가 미래에 리더의 전문적 혜안을 가늠할 수 있게 한다.

도전의 또 다른 이름은 책임과 배려이다

업무 순서는 있지만 하찮은 업무는 없다

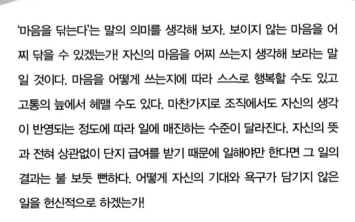

'마음을 닦는다'는 말의 의미를 생각해 보자. 보이지 않는 마음을 어찌 닦을 수 있겠는가! 자신의 마음을 어찌 쓰는지 생각해 보라는 말일 것이다. 마음을 어떻게 쓰는지에 따라 스스로 행복할 수도 있고 고통의 늪에서 헤맬 수도 있다. 마찬가지로 조직에서도 자신의 생각이 반영되는 정도에 따라 일에 매진하는 수준이 달라진다. 자신의 뜻과 전혀 상관없이 단지 급여를 받기 때문에 일해야만 한다면 그 일의 결과는 불 보듯 뻔하다. 어떻게 자신의 기대와 욕구가 담기지 않은 일을 헌신적으로 하겠는가!

국내 굴지의 주류 제조사 연구소에 근무하고 있는 박수길 연구원은 요즘 업무에 대한 책임감이 줄어들고 있는 자신이 한심하게 느껴집니다.

박 연구원이 속한 선행개발팀의 경우 같은 시간대에 일부 연구원은 자기 일을 하고, 일부는 회의하는 상황이 자주 생깁니다. 회의는 주로 팀장 이하 선임연구원들까지 모여서 업무 분장에 대해서 논의하기도 하는데, 선임 이하의 연구원들은 참여시키지 않은 채 진행됩니다. 회의 공간은 오픈 도어 정책에 따라 연구실 한가운데에 있는 테이블입니다. 아주 중요한 연구 정책 회의가 아닌 경우에는 대체로 그곳에서 수시로 회의를 합니다.

회의가 진행될 동안 박 연구원은 업무에 집중합니다. 급한 일이 있으니까 회의를 소집했겠지 생각하고 있을 때, 갑자기 자신의 이름이 거명되는 것을 듣게 되었습니다. 요지는 박 연구원이 수행하고 있는 연구 과제는 별로 중요한 것이 아니며, 특별히 하는 일이 없기 때문에 새로운 과제를 맡긴다는 내용이었습니다.

그 이야기를 듣는 박수길 연구원은 어떤 느낌이었을까요? 열심히 일하고 있다가 그 얘기를 듣는 순간 기운이 쭉 빠졌습니다. 자신이 수행하고 있는 연구 과제가 별 볼일 없는 것이라니 … 대체 팀장은 왜 팀에 별 도움도 안되는 연구 과제를 박 연구원에게 주었을까요? 지금까지 공들여서 한 일들에 대한 회의감이 밀려 왔습니다. 박 연구원은 이제 팀장이나 선임연구원들이 어떤 일을 맡긴다고 해도 최선을 다하고 싶은 마음이 없어졌습니다. 결국은

도전의 또 다른 이름은 책임과 배려이다

자신이 하는 일이 선행연구팀에서는 하찮은 것이 될 것이 뻔하기 때문입니다.

적어도 조직에서 중요한 선행연구팀을 맡고 있는 팀장이라면 새로운 과제를 할당하기 전에 그 사람이 어떤 일을 하고 있는지 정도는 파악해야 한다고 생각합니다. 업무를 할당 받을 당사자가 하고 있는 일을 제대로 파악할 수 없다면 해당 연구원을 회의에 참석시켜야 하는 것 아닐까요. 연구원들이 구만리 이역 땅에 있는 것도 아닌데, 손짓 한 번이면 당장 회의에 참여할 수 있는 거리에 있는데도 윗사람들은 자기들만의 회의를 진행하고 일방적으로 결정을 내립니다.

정작 새로운 업무를 받게 되는 당사자의 의견은 처음부터 반영할 생각도 없고 상황을 전혀 고려하지 않은 상태에서 임의로 모든 것을 결정하는 윗사람을 보면 구성원들은 이 일 하다가 또 다른 일이 주어지면 그 일 하다가 시간만 때우면 그만이라는 생각을 하게 됩니다.

박 연구원은 지금 자신을 배제한 채 일방적으로 결정 내려진 과제를 받아들이려고 노력해도 쉽게 적응되지 않습니다. 업무를 수행하여 결과를 만들어낼 담당자의 참여와 의견이 배제된 연구 과제를 어떻게 열정적으로 수행할 수가 있습니까?

지금 이 순간에도 박수길 연구원은 자신이 왜 이 과제를 수행해야 하는지 알 수가 없습니다. 주어진 연구 과제에 도전해 보고 싶은 의욕을 상실한 지도 꽤 오래되었습니다.

리더의 생각이나 행동은 구성원들의 마음을 냉혹하고 매정하게 만들 수도 있고 봄바람처럼 따뜻하게 만들 수도 있다. 다른 사람들이 하찮게 여기는 일에 스스로 목숨을 거는 사람은 없다. 어느 누가 일방적으로 주어지는 일에 열정을 보일 수 있겠는가?

단순히 급여 때문에 자신의 의지와 상관없이 하는 일이라면 결과는 뻔하다. 어떻게 자신의 기대와 의욕이 담기지 않은 일을 헌신적으로 할 수 있겠는가!

사람들은 자신이 참여하고 관여한 일은 더욱 적극적으로 수행하거나 돕는 경향이 있다. 당사자에게 영향을 미치는 의사 결정은 직접이든 간접이든 그 사람을 참여시켜야 한다. 생각하는 동물인 사람을 생각 없는 존재로 취급하는 조직에서는 사람답게 일하는 문화를 정착시키기 어렵다.

도전의 또 다른 이름은 책임과 배려이다

성공의 반은
다른 이들의
도움에서 시작된다

직장 생활을 하다 보면 고래 싸움에 새우 등 터지는 일을 자주 경험한다. 지나친 경쟁 의식이 이런 상황을 만든다. "겸손의 미덕은 패자의 변명일 뿐!"이라고 말하는 사람들을 보면, 지나친 경쟁심 때문에 지금은 승승장구하는 것처럼 보일지 모르지만, 시간이 흐를수록 외톨이로 남는 모습을 자주 본다. 경쟁심이 강한 사람들은 무슨 일을 하든지 무엇을 소유하든지 만족할 줄 모르고 감사할 줄 모른다. 행복의 비결은 적은 것을 가지고도 만족할 줄 아는 데에서 시작한다.

연 매출 7천억원이 넘는 의류 회사에 다니는 마케팅팀 김영철 대리는 경쟁심이 강한 직속 상사 때문에 업무 협업이 절대적으로 필요한 디자인팀 및 생산팀과의 관계가 소원한 상태입니다.

마케팅팀 박영진 팀장은 다른 팀의 구성원들한테 필요 이상으로 싫은 소리를 많이 합니다. 출근 시간이 다가오면 다른 팀 자리에 가서 고객과 직원들이 있는 상황에서도 이 팀은 출근이 왜 이리 늦느냐고 잔소리하는 경우도 보았습니다.

사실 그 팀이나 우리 팀이나 지각하는 비율은 비슷합니다. 해당 팀장은 뜬금없이 자기 팀원들을 나무라는 박 팀장을 뭐라 할 수도 없습니다. 팀원들이 지각하는 것은 꾸지람을 들어 마땅하니까요. 왜 편 가르기를 해서 다른 팀과의 사이를 불편하게 만드는지 알 수 없습니다.

김영철 대리의 고민은 생산팀과 공동으로 수행하는 프로젝트가 진행되면서부터 시작됐습니다. 김 대리가 프로젝트의 실무 책임을 맡고 있던 상황이었습니다. 프로젝트에서 마케팅팀의 실수로 상대 회사와 문제가 생겼습니다.

사실 생산팀에서는 문제가 생기자마자 즉각 조치를 취했고 오히려 마케팅팀이 걱정되어 충고까지 해 주었던 상태였습니다. 결국은 두 팀의 팀장 간에 책임 소재를 놓고 논쟁이 벌어졌고 급기야는 담당 부사장에게까지 이 문제가 알려지고 말았습니다.

부사장은 대학 후배인 박영진 팀장의 의견만 듣고 생산팀 팀장의 의견은 무시한 채 질책했습니다. 생산팀 팀장은 자초지종을 열심히 설명하려 했지만, 부사장은 팀 간의 화합을 위한다는 명목으로 문제를 그대로 덮어 버렸습니다.

이렇게 억울한 일을 당한 생산팀 팀장은 부사장에 대한 믿음이 완전히 깨졌습니다. 김영철 대리가 박영진 팀장에게 프로젝트 수행 과정에서 생긴 문제는 사실 마케팅팀의 판단이 잘못돼서 발생한 것이라고 보고했지만, 팀장은 "그쪽 편 들고 싶으면 생산팀으로 가."라며 차갑게 대꾸했습니다. 팀원들 모두 누구의 실수인지 아는 상황인데 일을 이렇게 처리했으니 앞으로 생산팀에서 마케팅팀을 잘 봐 줄 리 없을 겁니다.

같은 조직에서 파워 게임을 하는 것은 어찌 보면 당연한 것일지 모릅니다. 그러나 자기 잘못을 상대에게 뒤집어씌우면서까지 자리를 보전해야 하는지, 요즘은 팀장에 대한 믿음이 깨진 것을 넘어서서 앞으로의 조직 생활이 걱정됩니다.

이 상황에서 우리 팀에게 유리한 상황으로 되었다고 기뻐해야할까요? 마케팅팀의 특성상 생산팀의 협조가 절대적으로 필요한 상황이지만, 이제는 도움을 받기 곤란해졌습니다. 팀장의 지나친 경쟁심과 자기 성과만 중시하는 행동 때문에 팀원들은 점점 더 일하기 어려워지고 있습니다.

사람들이 저마다 자기 잇속만 채우면 자신이 채운 것 이상은 성취할 수 없다. 그 이상으로 성공하려면 다른 사람을 인정하고 칭찬하고 도와주어야 한다. 지칠 줄 모르는 자신의 이기심을 스스로 잠재울 수 있어야 한다.

조직 생활에서 자신의 성공을 방해하는 가장 큰 적은 바로 자기 자신이다. 자신보다 더 나은 실력자를 이기려면 자신의 나태함과 게으름에 도전해야 한다. 자신보다 더 존경 받는 사람이 있으면 자신의 옹졸함에 도전해야 한다.

다른 사람이 가진 것을 가로채려는 욕심의 끝에 남는 것은 적과 미움과 동정뿐이다. 다른 사람과의 경쟁에 귀중한 시간을 헛되이 쓰지 말아야 한다. 성공과 행복을 향한 인생 마라톤에서 가장 큰 경쟁자는 바로 '자신의 이기심'이다.

도전의 또 다른 이름은 책임과 배려이다

낡은 틀에서
벗어나야 새로운
세상이 보인다

어느 날 문득 자신이 걸어온 발자취를 뒤돌아보면, 제자리걸음을 하고 있는 것은 아닌가 하는 두려움이 생길 때가 있다. 주변을 돌아보면 남들은 저만치 앞으로 나아가 있는 것만 같다. 남들은 젊은 나이에 집도 사고, 좋은 직장을 다니며 부모에게 물려받은 재산까지 있어 하고 싶은 것 다하면서 사는 것 같아 마음이 우울해지기도 한다. 그렇게 자신의 생각은 관념화되고 무기력해진다. 그렇게 되지 않기 위해서 지혜로운 스승을 만나서 가르침을 듣거나 옛 선인의 지혜를 접하면서 재충전하고 새롭게 다질 수 있어야 한다.

조직 내에서 불사조로 불리는 이구성 팀장은 오늘의 자신을 있게 해 준 강영준 중국 법인장을 잊지 못합니다. 강영준 법인장과의 만남은 수년 전 그룹 회장의 특명으로 개설되었던 일명 X프로젝트팀에 합류하면서 시작됐습니다.

당시에 이구성 팀장은 전략기획팀의 대리로 일하고 있었습니다. 그룹 회장은 X프로젝트를 조직의 핵심 인재 중 한 사람이었던 당시의 강영준 과장이 맡도록 지시했습니다.

강 과장은 이 프로젝트를 위해 필요 인력을 어느 계열사에서나 차출할 수 있었고, 프로젝트의 성공 여부에 따라 파격적인 인센티브를 줄 수 있는 권한을 부여 받았습니다.

X프로젝트는 특정 제품의 중국 진출과도 관련이 있었는데, 수행 기간은 3개월이었습니다. 강 과장이 뽑은 8명의 인원 중에 이구성 대리도 포함되어 있었습니다.

중국 진출 관련 프로젝트는 시급하고 회사 미래를 좌지우지할 만큼 중요한 사안이었습니다.

프로젝트팀을 맡은 강 과장과 팀원들은 출발부터 망망대해에 떠 있는 배에 탄 느낌이었습니다. 어떻게 이 엄청난 과제를 수행해야 할지, 어떤 방법으로 풀어야 할지 막막했습니다. 한 달 동안 합숙하다시피 하면서 관련 자료와 정보를 분석하고 시장 환경을 조사했습니다. 관련 전문가들을 수없이 만났지만 X프로젝트를 해결할 뾰족한 대안을 찾을 수 없었습니다.

조직에서 핵심 인재로 불리는 특급 인재들을 모았다고 주변에

도전의 또 다른 이름은 책임과 배려이다

서는 기대감에 부풀어 프로젝트팀을 바라보았습니다.

한 달 동안의 결과가 미미하자 팀원들의 사기는 점점 떨어졌습니다. 초기의 의욕과 야심 찬 패기들은 점점 시들어 갔습니다. 활발하게 진행되던 토론이나 획기적인 아이디어 건수도 줄어드는 상황이었습니다.

이때 강 과장이 긴급 회의를 소집했습니다. "여러분들은 한 달 동안 이 프로젝트와 관련된 공부를 많이 했다. 그럼에도 X프로젝트를 해결할 수 있는 뾰족한 답을 찾지 못하고 있지. 나도 특별한 아이디어가 있는 것은 아니다. 그래서 이 프로젝트를 포기하려고 한다."

순간 소름 끼치는 침묵이 흘렀습니다. 숨소리조차 내기가 힘든 순간이었습니다. 그 짧고 깊은 적막의 시간 동안 팀원들의 머릿속에는 백 가지 사념이 오갔습니다.

그때 강 과장이 다시 입을 열었습니다. "우리 이 프로젝트를 포기하자. 실패했다고 회장님께 보고 드리자. 그러나 그 전에 지금부터 이 문제를 두고 딱 삼천 번만 생각하고 고민해 볼까? 우리가 보고 듣고 배웠던 모든 것을 동원해서 삼천 번의 생각을 이 사무실 벽에 붙여 보는 거야. 삼천 번의 생각이 사무실 벽을 다 채워도 해법을 찾을 수 없다면 그때 과제를 해결할 수 없다고 회장님께 보고하자."

그날 이후 프로젝트팀은 사무실 벽면에 '3000'이라는 숫자를 크게 써 붙였습니다. 그런 다음 누구든지 또 언제든지 아이디어가 떠오를 때마다 메모하여 번호와 함께 벽면에 붙이기 시작했습니다. 어느덧 벽면을 채우는 생각과 고민과 아이디어들이 팀원들에게는 일상이 되었습니다. 더 좋은 생각들이 계속 꼬리를 물었으며 사무실의 두 벽면이 가득 채워질 즈음에는 이미 과제에 대한 답이 나와 있었습니다. 삼천 번까지 고민할 필요도 없었습니다.

팀원들이 특진한 것보다 더 큰 보상은 그 과정에서 내면에 쌓여간 프로 정신이었습니다. 지금도 이구성 팀장은 팀원들과 함께 일할 때, 그때의 경험을 활용합니다. 팀원들을 더 높은 곳으로 도전하게 하는 것은 바로 현재 생각의 틀을 깨는 것입니다.

오랫동안 학습되어 머릿속에 자리 잡힌 생각의 틀을 깨기란 쉽지 않다. 아이가 성인이 되고 나이가 들수록 생각의 틀은 점점 굳어진다. 또 남들에게는 고정 관념을 깨야만 혁신이 이루어진다고 한결같이 말하면서도 정작 자신의 틀은 깨지 않으려 한다.

익숙해진 생각의 틀을 깨고 새로운 사고를 받아들이는 데는 시간이 필요하다. 그러나 분명한 것은 더 높은 곳을 향해 도전하고자 한다면 자신의 나약함과 불안감에 도전하는 승부수를 던져야 한다. 진정한 프로의 길을 걷고자 한다면 날마다 꾸준히 자신의 틀을 깨고 밖으로 나오는 연습을 해야 한다.

도전의 또 다른 이름은 책임과 배려이다

실패 후 격려 한마디가
미래를 위한
성장 동력이다

우리는 실패를 통해서 인생의 뿌리를 튼튼하게 만드는 법을 배운다. 이것은 실패했을 때 실망과 후회에 머물지 않았을 때 가능한 일이다. 인생에서 가장 고통스러운 배움의 길은 실패로부터 배우는 것이다. 그러나 고통만큼이나 우리에게 배움의 기쁨을 주는 것 또한 실패이다. 자신의 실패를 비난하거나 비웃는 말에 움츠러들 필요 없다. 실패했을 때 자신을 돌아보며 무엇이 문제였는지 되새겨 볼 줄 아는 성찰에서 진정한 배움이 싹튼다. 살아가면서 저지르는 실패는 부끄러운 것이 아니라 자신의 성공을 비춰 주는 거울이다.

자동차 딜러 회사에 다니는 조용수 대리는 몇 년째 계속되는 경기 불황으로 새로운 계약이 줄어들고 있어 고민입니다. 더불어 며칠 전 큰 계약 건이 깨져서 더 힘든 상황입니다.

그런데 정작 조 대리와 팀원들을 더 힘들게 하는 것은 바로 김경진 팀장입니다. 지금처럼 조직이 어려운 상황에서는 팀원들의 사기를 북돋울 수 있는 리더의 말 한마디와 행동이 더욱 절실해지는데, 팀장을 보면 마치 팀 성과를 남의 일처럼 생각하는 것 같아 실망이 큽니다.

조 대리는 새로운 계약을 따내기 위해 여러 사람들과 함께 제안서 작업을 진행했습니다. 물론 상사에게 일일이 보고하는 것도 잊지 않았습니다. 그 계약이 중요하다는 것을 알기 때문에 팀원들과 함께 며칠 간 밤을 꼬박 새우면서 제안서를 작성하고 서로 논의하여 수정을 했습니다. 마지막 제안서 점검을 위해 팀장에게 보고했더니 "이 정도면 되겠지." 하면서 승인하는 듯이 말했습니다. 그래서 마무리를 해서 고객사에 프레젠테이션을 무사히 끝냈습니다.

그러나 조용수 대리와 팀원들의 예상과는 달리 계약을 따내는 데 실패했습니다. 다들 최선을 다해 노력한 결과를 보지 못한 것 같아 의기소침해 있었고 팀 분위기도 가라앉아 있었습니다.

이런 상황에서 팀장은 여러 사람과 저녁 식사 자리에서 "고객이 하고자 하는 생각이 없으면 말이야, 우리가 아무리 열심히 준비해도 계약은 성사되기 힘들어. 우리 마음인가? 고객 마음이지.

도전의 또 다른 이름은 책임과 배려이다

더군다나 내가 보기에 그 정도 제안서로는 어림도 없지. 경쟁사들이 해온 것 봤어? 그 실력 가지고는 어떤 계약도 따내기 힘들어."라고 하는 겁니다.

그렇지 않아도 분위기가 가라앉아 있는데, 그것도 식사 중에 왠 날벼락 같은 소리를 하는지 알 수 없습니다. 결국 조 대리는 그날 체하고 말았습니다.

팀장의 말 한마디로 여러 사람들에게 이번 제안서를 만든 조 대리와 팀원들의 이미지는 아주 우습게 각인되고 말았습니다. 조 대리는 제안서 하나 제대로 못 만드는 사람으로 비치게 되었습니다.

고생했다는 말 한마디가 그렇게 어려운 건지 …. 따지고 보면 이 제안서의 책임은 팀장에게 있다고 봅니다. 정작 본인은 이 일에 책임이 없다는 식으로 리더로서 책임을 회피하는 것을 보면서 조용수 대리는 어떤 계약이든 먼저 나서지 않으리라 다짐했습니다.

팀원들의 사기가 땅에 떨어진 마당에 다시는 실패 가능성이 있는 일은 하고 싶지 않습니다. 그리 생각하다 보니 요즘은 직장 생활이 별로 재미가 없습니다.

지금 우리들이 일상에서 사용하고 있는 많은 시스템이나 물건들도 실패를 거듭하는 가운데 만들어졌다. 실패가 허용되지 않는 조직에서는 지금까지 회사를 유지시켜 온 사업 외에 새로운 미래 성장 동력을 찾아가기 힘들다.

마찬가지로 실패가 허용되지 않는 팀에서는 팀원들의 도전과 실험적인 행동을 기대하기 어렵다. 한 번에 성공하는 것은 재수 좋은 일일 뿐이다. 대부분의 경우는 거듭되는 실패 속에서 문제점을 찾고 배우는 과정에서 새로운 것이 탄생한다.

아흔 아홉 번의 실패가 단 한 번의 성공으로 이어질 때 당신은 실패와의 싸움에서 마지막 승자가 된다. 주변의 사소한 비난이나 칭찬에 흔들리지 말고 내면의 소리에 귀 기울이며 자신의 실패를 배움의 기회로 삼는다면 성공의 길로 접어들 수 있다.

도전의 또 다른 이름은 책임과 배려이다

도전이 피어나는 일터 만들기

존재의 이유를 명확히 하라

1 구성원들은 조직에서 수시로 바뀌는 업무와 팀 내에서 자신의 위치 등에 대한 정체성을 찾는 데 어려움을 겪는다. 그들의 정체성은 조직이 추구하는 미션과 가치에 있다. 아무리 조직의 미션이 명확해도 구성원들의 일과 연계되지 못하면 정체성을 더 흐리게 할 뿐이다. 명확한 미션이 공유되면 구성원들은 조직이 추구하는 가치를 행동 기준으로 삼게 된다. 리더라면 적어도 자기 팀의 정체성을 명확히 하여 구성원들의 존재 이유가 급여를 받는 이상이라는 점을 깨닫게 해야 한다.

도전과 실험 정신이 살아 있게 하라

2 사람들은 하루의 절반 이상을 일터에서 보낸다. 그 일터가 구성원들의 실험실이 되고 도전할 수 있는 곳이 되게 하라. 인간의 가능성은 무한하다. 그 가능성이 어떻게 피어나는지 바라보는 것 자체가 신나는 일이다. 창의성은 교육으로 학습되는 것이 아니라 생활 속에서 학습된다. "안 돼!"라는 피드백이 대부분인 일터에서 창의적으로 생각하고 행동하는 구성원을 기대하기는 힘들다.

3 선의의 경쟁을 하게 하라

다른 사람의 잘못과 실수를 빌미 삼아 자신을 앞으로 나아가게 하는 행동이 허용되는 일터에서는 아부와 험담과 질투와 냉소가 만연하게 된다. 그런 일터에서는 구성원들이 모함과 시기와 자기변명으로 살아남으려고 하는 것은 당연하다. 지위를 막론하고 공정하고 투명한 기준이 똑같이 적용되는 일터의 환경을 만들어야 한다. 실력과 능력, 그리고 헌신과 노력의 대가가 제대로 평가 받는다면, 구성원들은 남들과의 경쟁보다는 자신과의 치열한 싸움에 더 몰입하게 된다.

4 낡은 틀을 깨라

늘 하던 일, 늘 하던 방법이 허용되지 않는 일터를 상상해 보라. 날마다 어제와 다른 방법으로 자신의 업무를 처리하며, 어제와는 다른 일로 성과를 창출한다면, 구성원들의 아이디어는 폭포수처럼 퍼져 나갈 것이다. 움츠러드는 팀보다는 시끌벅적한 일터가 사람 사는 냄새가 나는 법이다.

5 실패를 허용하라

최선을 다한 경우에도 결과는 실패일 수 있다. 티디인더스트리스의 잭 로웰 주니어Jack Lowell, Jr. 회장은 구성원들의 실패는 허용하지만, 그 실패를 감추기 위해 정직하지 못한 행동을 하는 것은 허용하지 않는다고 강조하였다. 질책받는 것이 두려워 실패를 감추는 조직에서는 구성원들의 도전 용기를 기대하기 어렵다. 구성원들의 실패는 조직 성장의 밑거름이 될 수 있다.

도전의 또 다른 이름은 책임과 배려이다

PART 5

'안 된다'고 말할 수 없는 순간 소통은 물 건너갔다

때로 다른 이를 돕는 행동이 성공으로 이어진다

스스로 가치 없는 업무라고 생각할 때 일의 노예가 탄생한다

조직 구성원의 성장이 탁월한 성과의 밑거름이다

부정적인 비판은 창의성과 의욕을 꺾는 지름길이다

진정 듣는 것만으로도 대부분 문제가 해결된다

프로는 사소한 일에도 자신의 혼을 담는다

비전을 제시하지 못하는 리더는 필요악이다

Dr. Cho's Tip

업무의 가치는 직접
만들어 가는 것이다

'안 된다'고
말할 수 없는 순간
소통은
물 건너갔다

만일 자신의 인생에서 앞으로 일어날 일들을 모두 알 수 있다고 한다면 행복할까? 아마도 미래의 전개에 대한 흥미가 떨어지고 사는 것 자체가 싱겁지 않을까? 그것은 스토리를 모두 알고 있는 영화를 보는 것처럼 지루할 것이다. 인생이 흥미진진하고 살아 볼 가치가 있다고 느끼는 것은 모험을 즐기는 인간의 심리 때문이다. 가치 있는 인생은 자신의 일에 쉬지 않고 도전장을 내는 것이다.

저는 업계 선두의 고무 제품 생산업체에서 일하고 있는 김태성 대리입니다. 우리 회사의 제품은 품질이 매우 중요하기 때문에 생산 현장에서 항상 품질 향상을 위한 혁신 활동이 이루어지고 있습니다. 저는 이런 혁신 활동과 관련된 업무를 하는 부서에서 일합니다.

그런데 우리 사업부의 김규식 사업부장은 수시로 지시를 내리는 스타일입니다. 이전에 본인이 지시했던 사항에 대한 점검이나 진행 정도에는 별 관심이 없는 듯, 다른 생각이 나면 곧바로 그 업무를 진행하라고 지시합니다.

이번에도 느닷없이 몇 가지 지시 사항을 내렸고 혁신 담당인 김정길 팀장은 당연히 팀원들을 불러모아 회의를 진행했습니다. 팀장은 상사의 지시 사항을 간단히 설명한 후, 그 일을 저한테 맡겼습니다.

팀장은 제가 무슨 업무를 하고 있는지, 업무에 얼마나 과부하가 걸려 있는지 모릅니다. 지금의 제 상황은 전혀 고려하지 않은 채 사업부장의 지시 사항을 그대로 전달해 주었습니다. 그리고 그 지시 사항을 빨리 진행할 것을 강요했습니다.

현실적으로 사업부장의 지시 사항은 우리 팀 인력이나 조직 수준을 감안할 때 도저히 수행할 수 없는 사항으로 보였습니다. 다른 팀원들도 같은 생각이었습니다. 차라리 이전부터 추진하던 혁신 업무를 확실히 마무리해서 품질뿐만 아니라 조직의 수준을 끌어올린 후 사업부장의 지시 사항을 차기 업무로 이행하는 것이 바

업무의 가치는 직접 만들어 가는 것이다

람직하다는 의견이었습니다.

나는 진지하게 현재 우리 부서가 감당하고 있는 업무와 상황을 고려해서 팀원들의 의견을 팀장에게 건의했습니다.

그러나 김 팀장은 화를 내면서 사업부장의 지시는 무조건 바로 시행해야 한다고 했습니다. 물론 조직에서 윗사람의 지시 사항을 거부하기는 어렵다는 것은 잘 알지만, 그도 사업부장의 지시 사항을 바로 실시하기에는 무리가 있다는 것을 잘 알고 있습니다. 그런데도 윗사람의 지시 사항이라는 이유로 그대로 아래로 전달하는 관리자를 어떻게 이해해야 할까요?

그 지시 사항은 우리 부서가 감당하기에는 역부족으로 지금까지 수행되지 않고 있습니다. 뿐만 아니라 이 지시 사항을 수행하느라 과거에 진행하던 혁신 업무도 제대로 마무리가 안되고 있는 상황입니다.

모든 일이 엉켜 버린 느낌입니다. 팀장은 안절부절 못하지만, 물리적으로 불가능한 것을 강요한다고 해서 그것이 제대로 수행되기는 어렵습니다. 이 일 때문에 저도 지금까지 진행하던 업무를 제대로 하지 못하고 있으며, 새로 내려온 지시 사항을 이행하는 것에도 별다른 진척이 없습니다.

현상을 고려하지 않은 채 윗사람의 지시 사항은 무조건 최우선 순위로 이행해야 한다고 말하는 팀장을 이해할 수 없습니다. 일의 순서와 중요도가 제대로 정리되지 않아 매일 야근을 하고 있지만, 괜한 헛발질만 하는 느낌입니다.

일선에서 일하는 사람들의 의견이 단지 아랫사람이라는 이유로 이렇게 묵살되는 곳에서는 일하는 재미를 느낄 수 없습니다. 적어도 팀장이라면 윗사람의 무리한 지시 사항에 대해 변론이라도 해야 하는 것 아닐까요? 그것도 아니면 적어도 팀원들의 고민과 어려움을 전달이라도 해 주면 좋을 것 같습니다.

남들이 시키는 대로 살아간다면 그것은 내 인생이 아니다. 내 인생의 주체는 자신이다. 일터에서 일을 할 때도 주체가 누구인지를 깨달아야 한다. 난관에 부딪칠 것을 두려워해 망설이는 것이 아니라 자신의 신념에 따라 끊임없이 새로운 일을 시도해 나갈 때 더욱 의미 있는 결과가 나온다.

지금 이 순간 하고 있는 일에 자신의 생각이 투영되지 않았다면 멈추어야 한다. 하루 이틀 사흘 이상이 걸리더라도 자신의 생각을 윗사람이 이해할 때까지 소통해야 한다.

진정으로 자신이 속한 조직을 위한다면, 그 조직에 가치 있는 일을 선물해야 한다. 윗사람과 부딪치는 것을 두려워한다면 의미 있는 일을 할 수 없다. 처음에는 벽을 보고 말하는 느낌이 들겠지만, 서로 이야기를 나누다 보면 결국은 공감대를 이루게 된다. 서로 공감이 이루어지는 순간, 자신의 형편만 달라지는 것이 아니라 자신과 관련 있는 모든 구성원들의 형편도 달라진다.

업무의 가치는 직접 만들어 가는 것이다

때로 다른 이를
돕는 행동이
성공으로 이어진다

옹졸한 생각의 문을 열면 더 넓은 세상이 기다리고 있다. 세상에는
권력이나 부로 성공과 행복을 가늠하는 사람들이 있는가 하면, 의미
있는 일로 다른 사람까지 가치 있게 만드는 것을 성공의 잣대로 보
는 사람도 있다. 인생의 반평생을 보내는 직장에서 진정한 성공의 의
미가 승진과 높은 급여에만 있다면 일터는 매우 삭막한 곳이 된다.
의미 있는 조직 생활은 함께하는 사람들이 성공할 수 있도록 열린 생
각으로 도와주는 데에 있다.

강수영 연구원은 전기자동차 엔진을 개발하는 기술연구소에 근무하고 있습니다. 이 연구소는 국내 10대 기업에 속하는 대기업의 계열사인데, 모기업의 싱크탱크로 매출에 당장 기여하기보다는 신성장 동력이나 매출 향상을 촉진할 수 있는 분야를 연구개발하는 곳입니다.

그는 입사한 지 벌써 4년이 지난 지금, 이곳에서 촉망 받는 인재로 신나게 일하고 있습니다. 처음 사회생활을 시작할 때, 부모님은 그에게 직장에서 가장 큰 행운은 상사를 잘 만나는 것이라고 했는데, 현재의 자신이 있는 것은 직속 상사인 이용재 팀장 덕분입니다.

첫 출근 날, 이용재 팀장은 이렇게 말했습니다. "내가 자네에게 해 줄 수 있는 것이 많지 않지만, 나와 함께 있으면 연구개발 보고서 하나는 제대로 쓸 줄 아는 사람이 될 거야."

연구소의 특성상 연구개발 보고서를 제대로 작성하고 발표하는 것은 매우 중요한 일입니다. 보고서는 연구소장을 거쳐 바로 모기업 회장에게 보고되기 때문입니다. 아무리 연구 내용이 훌륭해도 그것을 제대로 표현하지 못하면 윗사람을 설득하기 힘듭니다.

강수영 연구원은 입사 후 첫 보고서를 작성하던 때를 잊지 못합니다. 팀장은 모범적인 기존 보고서를 먼저 살펴보라면서 자료를 건네주었습니다.

이용재 팀장은 항상 일을 지시할 때 어떤 방향이나 아이디어를 먼저 주면서 보고서 초안을 작성하게 합니다. 그러고 나서 보고서 초안을 팀장이 검토합니다. 강 연구원이 첫 연구보고서를 보여 주었을 때, 팀장은 뛰어난 전문 지식을 바탕으로 보고서를 일일이 넘겨 보면서 잘된 점과 부족한 점을 이유를 들어 설명해 주었습니다. 그 자리에서 직접 수정하기보다는 강 연구원이 메모할 시간을 주었습니다. 그리고 자신의 의견을 덧붙여서 한 번 더 수정하게 했습니다. 기획했던 방향과 빗나간 보고서를 보면서 인내심을 갖고 일일이 지도해 주는 팀장이 그렇게 고마울 수 없었습니다.

몇 번의 수정을 거쳐 완성된 첫 보고서는 강 연구원이 직접 발표했습니다. 실제로 보고서를 발표하기 전에 팀장은 발표 연습을 시켰습니다. 도중에 날카로운 예비 질문을 했고, 머뭇거리는 강 연구원에게 자신 있게 생각을 피력하라고도 했습니다. "보고서 작성자는 수영 씨야. 다른 사람들이 그 보고서 내용을 잘 안다고 해도 처음 기획하여 고민하고 완성한 사람은 자네야. 누구도 자네만큼 그 내용에 대해 잘 알지 못한다고 생각해야 자신감이 생겨. 왜 그런 과정을 거쳤는지, 또 왜 그런 결론이 났는지 등 자신이 수집한 정보와 자료를 토대로 차분하게 설명하면 돼."라며 격려해 주었습니다.

물론 강수영 씨의 첫 보고서 발표는 대성공이었습니다. 성공적인 첫 발표 경험은 그에게 자신감을 심어 주었으며 업무에 대한 책임감도 커졌습니다. 지금은 팀장이 지도해 준 대로 보고서를 작성할 때마다 이 방법이 최선인가 하는 질문을 스스로에게 던집니다. 늘 같은 방식이 아닌 어제와 다른 방식으로 보다 명쾌하게 보고서를 작성하려면 어떤 형태, 어떤 내용으로 할지 고민합니다. 한 번은 한지 두루마리 한 장에 그림처럼 보고서를 작성해서 발표한 적도 있습니다. 연구 보고서라고 해서 매번 같은 형태가 된다면, 연구원들의 생각도 고정될 것이라는 생각이 들었습니다.

강수영 씨가 연구 보고서 형태를 실험적으로 바꾸어 발표할 수 있었던 것은 온전히 이용재 팀장의 열린 생각과 적극적인 지원 때문입니다. 리더의 생각을 구성원들은 닮아 갑니다. 그리고 리더의 그릇 크기만큼 성장하는 것 같습니다.

자신을 내세우지 않고 아랫사람의 편의를 최대한 배려할 줄 아는 윗사람, 자신의 전문성을 후배의 성공을 위해 사용할 줄 아는 선배를 만나기는 쉽지 않다.

조직 생활에서 사람들은 본능적으로 자신이 가지고 있는 지식이나 기술을 다른 사람과 공유하는 것을 경계한다. 자신의 위치가 흔들린다고 생각하기 때문이다.

일터에는 무한한 도전이 있다. 자신이 가지고 있는 것을 더 많이 나눌 때 더 많은 것을 얻게 된다. 다른 사람을 돕지 않고 홀로 온전히 최고의 자리에 올라선 리더는 없다.

일과 개인생활에서 성공한 사람들을 보면 공통된 특징이 있다. 그들은 자신의 이익을 챙기기보다 먼저 다른 사람의 성공을 돕는데 적극적이었다. 그렇기 때문에 성공하는 리더의 조건 중에서 빠지지 않는 것이 인재 육성과 성공을 돕는 리더십 행위이다.

스스로 가치 없는
업무라고 생각할 때
일의 노예가 탄생한다

당신의 인생은 자신이 의미를 부여하기에 따라 달라진다. '불행'이라고 부르면 불행하게, '행복'이라고 부르면 행복하게 살아가게 된다. 직업, 배우자, 자녀, 부모, 친구도 각각에 의미와 이름을 붙이기 전까지는 아무것도 아니다. 마찬가지로 당신이 하고 있는 일도 의미를 부여하기에 달려 있다. '재미있는 일'이라고 부르면 재미있게 일하게 되고, '시시한 일'이라고 생각하면 바로 일이 시시해진다. 지금 당신이 하는 일에 어떤 의미를 부여하느냐에 따라 당신의 일은 남들이 부러워하는 것일 수도 있고 하찮은 것일 수도 있다.

장남구 매니저는 대형 유통회사 유통기획실에서 일하고 있습니다. 장 매니저를 비롯해 모든 구성원들은 상사의 가치관 때문에 너무 힘듭니다.

조수용 기획실장은 구성원들이 일을 잘하는 기준을 야근에 두고 있습니다. 업무 효율성보다는 항상 밤 늦게까지 '야근하는 구성원들이 일 잘하는 사람'이라는 분위기를 조성합니다.

정작 조 실장은 오후 늦게 어디론가 사라졌다가 꼭 퇴근 10분 전에 사무실로 돌아옵니다. 낮에는 어디서 무엇을 하는지 전화도 받지 않습니다. 어쩌다가 급한 업무 결재 때문에 전화하면 왜 미리 받지 않았느냐고 꾸짖습니다. 사실 결재라는 것이 급하게 생길 수도 있는 것이 현실입니다.

구성원들은 어차피 야근해야 한다고 생각하니 근무 시간에 집중해서 일하지 않습니다. 조 실장이 일찍 퇴근하는 구성원은 기억해 두었다가 무슨 일이든 꼬투리를 잡아 꾸짖기 때문에 정시에 퇴근할 수 없습니다. 어쩌다 실수하면 정시에 퇴근했던 것을 기억해 두었다가 꼬집습니다. "이렇게 일하면서 퇴근은 가장 먼저 해? 제대로 일을 하면 이런 실수가 있겠어? 머리가 안 따르면 몸이라도 붙어 있어야지."

이런 일을 종종 겪다 보면 다른 사람보다 일찍 퇴근이라도 하려면 눈치를 보게 됩니다. 그러나 장 매니저는 중간관리자 입장에서 윗사람에게 퇴근 시간 문제를 얘기하는 것이 두렵습니다.

조 실장은 구성원들이 도움을 요청해도 들어주지 않고 시간만

업무의 가치는 직접 만들어 가는 것이다

질질 끕니다. 그러다가 결국은 구성원들을 문책합니다. 그러니 구성원들이 자기 일에 긍지를 갖지 못하고 늘 피곤해합니다.

몇 달 전, 장 매니저는 조 실장과 함께 타부서와 업무를 조율하기 위해 회의를 했습니다. 조 실장은 회의 중에 논의되던 사항을 우리 쪽이 맡겠다고 했습니다. 이때 장 매니저는 그 일을 맡으면 부서원들 업무가 과중해질 것 같다고 말했습니다. 그러자 조 실장은 장 매니저의 말을 못 들은 척 그냥 자르면서 다 처리할 수 있다고 재차 강조했습니다.

장 매니저는 구성원들이 업무를 수행할 때 애로 사항이 무엇인지 파악조차 하지 않으면서 타부서와의 갈등이 두려워 인심 쓰듯이 일을 떠맡는 상사를 보면서 회의감을 느꼈습니다.

부가 업무를 떠맡으면서 기획실 분위기는 더 무거워졌고 긴장감만 맴돕니다. 부서원끼리는 서로 스트레스를 주지 않기 위해 말도 건네지 않는 분위기로 바뀌었습니다. 그리고 그저 혼나지 않을 정도로만 일하고 있습니다.

장 매니저는 야근하는 것이 당연하다고 여기는 상사, 업무에 대해 시시콜콜 간섭은 하면서 지원은 전혀 해주지는 않는 상사, 자신의 소속 부서원보다는 다른 부서가 어찌 생각할지를 먼저 고민하는 상사를 보면서 "지금 내가 여기서 무엇을 하고 있는 건가?" 하는 회의감이 듭니다.

어느 스포츠 해설가가 프로야구 심판에게 물었다. "당신은 날아

오는 공이 스트라이크인지 볼인지 세이프인지 아웃인지 그리고 파울인지를 어떻게 판단합니까?"

야구 심판의 대가인 빌 클램은 이렇게 대답했다. "타자가 아무리 멋지게 공을 쳐내도 내가 뭐라고 말하기 전에는 그 공은 아무것도 아닌 하나의 공에 불과합니다."

그는 야구 심판의 중심에 자신이 서 있음을 잘 알고 있다. 자신이 야구공과 어떤 관계를 맺기 전까지는 그 공은 아무런 의미가 없다는 직업에 대한 강한 자부심을 드러내는 부분이다.

일터에서 자신이 하는 일에 스스로 의미를 불어넣기 전까지는 그 일이 아무리 큰 성과를 만들어낸다고 할지라도 단순히 자신이 받는 급여의 대가로 느껴질 뿐이다.

자기 일의 의미는 자신이 만들어 가는 것이다. 리더의 한마디에 좌절하고 절망한다면, 당신은 이미 그 일의 노예가 되어 있는 것이다. 지금 하고 있는 일에 자신의 가치를 더하자. 자기 일의 의미가 주변 사람이나 상황에 의해 무뎌진다면 일에 대한 진정한 기쁨을 만끽할 수 없다.

업무의 가치는 직접 만들어 가는 것이다

서 른 두 번 째

조직 구성원의 성장이
탁월한 성과의
밑거름이다

직장인들은 아침이면 자명종 소리에 눈을 비비며 일어난다. 출근 길에 손가락 하나 맘대로 움직일 수 없는 빽빽한 지하철 안에서 낯선 사람들이 뿜어대는 탁한 공기를 들이마신다. 일터에서는 마주치기도 싫은 사람들과 억지 인사를 나누며 어제와 같은 오늘을 시작한다. 쓰다 만 보고서, 수시로 불려 가는 회의, 불시에 떨어지는 수명 업무 등 할 일은 끝이 없는데 시간은 헤아려 볼 새도 없이 흘러간다. 마감 날짜에 초조해하면서 강박 관념에 사로잡히기도 한다. 그렇게 점점 일의 굴레에 얽매여 살아가는 우리의 자화상은 서글프기만 하다.

강미영 과장은 대기업 식품 회사에 다니고 있습니다. 강 과장이 이 회사의 인재육성팀에서 일한 지도 벌써 4년이 지났습니다.

강 과장은 식품영양학 전공이기 때문에 처음 인재육성팀으로 발령을 받았을 때, 교육에 대해서는 별로 아는 것이 없었습니다.

그러나 4년이 지난 지금, 강 과장은 여느 전문 강사나 퍼실리테이터보다 더 훌륭한 컨설턴트로 성장했습니다. 강 과장의 역량은 모두 인재육성팀을 이끌고 있는 최지우 팀장 덕분입니다.

최 팀장은 언제나 개인의 역량 계발이나 목표보다는 팀 전체의 목표와 역량을 먼저 생각합니다. 업무 관련 회의를 할 때면 항상 열린 마음으로 팀원의 이야기를 경청합니다. 주간, 월간, 수시 회의 등에서 팀장은 자기 이야기를 10분 이상 하는 적이 없습니다. 회의 시간의 대부분은 팀원들이 서로 열띤 토론을 하는 시간입니다. 토론 도중에 이야기가 방향을 벗어나 샛길로 빠지면 바로 빠른 해결책을 제시해서 빠르게 진행되도록 도와줍니다. 임원회의나 경영진의 전략회의에 참석하면 꼼꼼하게 회의 내용을 메모하여 대부분 내용을 팀원들에게 공유합니다.

이 과정에서 구성원들은 조직에 대한 이해도가 넓어질 뿐만 아니라 정보를 공유하면서 발전해 나갈 기회를 갖습니다.

이렇게 탁월한 업무 능력을 갖추고 있는 최 팀장은 언제나 팀원 입장을 먼저 생각하고 팀원이 스스로 문제를 해결할 수 있도록 질문을 유도합니다. 팀장과 함께 문제를 해결하는 과정에서 팀원들은 어느새 성장된 자신의 모습을 발견합니다.

업무의 가치는 직접 만들어 가는 것이다

2년 전 강 과장은 일정이 빠듯한 프로젝트를 수행하고 있었습니다. 프로젝트에 투입되면 자기계발을 위한 시간을 별도로 내기는 어렵습니다. 뿐만 아니라 자신에게 맞는 교육 일정을 찾는 것도 쉽지 않습니다.

그런데 강 과장은 꼭 가고 싶은 외부 세미나를 발견했습니다. 하지만 프로젝트를 진행하는 도중이라 도저히 시간을 뺄 수 없어 포기하려고 했습니다.

그때 최 팀장이 마치 강 과장의 마음을 꿰뚫어본 듯이 세미나 프로그램을 들고 왔습니다. 그리고 프로젝트의 마감일을 연기하더라도 세미나에 참석할 것을 권유하면서 결재해 주었습니다.

이런 자기계발의 기회는 비단 강 과장만 받는 혜택이 아닙니다. 최지우 팀장은 늘 함께하는 구성원들이 성장하는 것이 바로 조직 성과를 탁월하게 만들어내는 것이라는 믿음을 가지고 있습니다. 그의 믿음은 고스란히 구성원들의 역량 강화로 이어집니다.

인재육성팀의 구성원들이 서로 배려하며 적극적으로 다른 사람의 성공을 도와주는 문화를 갖추게 된 것은 항상 팀의 단결을 위해 노력하며 배려해 주는 훌륭한 최지우 팀장이 버티고 있기 때문입니다.

만약에 당신이 "지금 좋아하지도 않는 일에 어쩔 수 없이 매달리고 있다."고 말한다면 귀중한 시간을 엄청나게 낭비하는 것이다. 마지못해 지금의 일을 하고 있다면 하루 중 3분의 2는 절망적인 시간을 살고 있는 셈이다.

"먹고 살기 위해서 너무나도 하기 싫은 일을 하고 있어요.", "재미도 없는데 따로 할 것이 없어서 억지로 일하고 있어요."라고 한다면 당신은 이미 '일의 노예'가 된 것과 마찬가지이다. 자신이 하는 일에 애정을 갖지 않는다면, 아무리 좋은 결과가 나온다 할지라도 진정한 기쁨을 느낄 수 없다.

설령 지금 하는 일이 짜증스럽더라도 자신에게 주어진 일을 사랑한다고 스스로에게 최면을 걸어 보자. 현실이 답답할지라도 자신의 일에 애정을 쏟아야 한다. 일하는 데 들인 노력에 상응하여 보수가 주어지지 않더라도 자신이 하는 일 자체를 즐길 수 있을 때, 사생활과 일터 양쪽에서 삶의 질을 더욱 높일 수 있다.

업무의 가치는 직접 만들어 가는 것이다

부정적인 비판은
창의성과 의욕을
꺾는 지름길이다

우리가 살아가면서 가령 불편한 진실이라도 불편하지 않게 소통할 수 있다면 좀 더 평온하고 넉넉한 마음으로 사람을 상대할 수 있다. 사람들은 때로 상대가 기분 상하는 것에 아랑곳하지 않고 목적만을 지적해서 말한다. 지나친 경쟁 의식이 자신도 모르게 타인을 폄하하게 만들기 때문이다. 격려와 칭찬이 사람들과의 관계를 두텁게 한다는 정답을 알면서도 막상 갈등에 부딪치면 자신의 잘못보다는 다른 사람의 잘못이 먼저 눈에 띄기 마련이다. 상대를 의기소침하게 만들지 않으면서 나의 생각을 받아들일 수 있게 대화를 이끌어 갈 수만 있다면 당신은 소통의 예술을 구현하는 것이다.

이호진 씨가 일하고 있는 회사는 정보통신과 관련된 제품을 개발하는 곳입니다. 그가 속한 신개발팀은 신제품의 시장성과 판매 전략 등을 조사 분석하여 향후 판매 전략과 방향을 제시하는 일을 합니다.

그런데 얼마 전 새로운 팀장이 외부에서 영입되어 신개발팀을 맡았습니다. 새로 온 팀장은 다른 분야에서 왔습니다. 전공도 다르고 또 외부에서 온 만큼 팀장이 직접 구성원과 많은 대화 통로를 만들어야 하지만 그다지 대화를 하려고 하지 않습니다. 어느새 팀 전체가 별로 말이 없는 '양들의 침묵' 같은 업무 분위기가 되었습니다.

소통이 없는 업무 환경 때문에 업무 추진 과정에서 문제가 생기기도 합니다. 이호진 씨가 품의서를 올렸는데 결재가 떨어지기까지 너무 시간이 지체되어 업무 수행에 차질이 왔습니다. 팀장은 결정을 내리는 데 시간이 너무 많이 걸립니다. 처음에는 꼼꼼하게 검토하는 스타일이라서 그런 거라고 이해하려고 노력했습니다. 그런데 막상 결재를 하거나 의사 결정을 하기 전에 수정을 요구하는 것들은 사소한 것들이었습니다. 그런 것들을 트집을 잡아 시간을 지연할 때는 정말 미칠 지경이었습니다.

"글씨 폰트가 맞지 않는다.", "색깔을 좀 넣어서 작성해야 보기가 편하다."는 등 별별 트집을 다 잡으면서 결재 시간을 지연시켰습니다.

개발팀에서 중요한 건 정작 빠른 시장 조사와 기술 동향 파악

업무의 가치는 직접 만들어 가는 것이다

등 스피드입니다. 신속한 결정이 필요할 때 내용 검토 때문에 시간을 지연시키는 것이라면 이해할 수 있습니다. 그런데 사소한 일을 트집 잡아 결재를 지연시키는 것은 이해하기 어려웠습니다.

더 답답한 것은 팀장이 사적이든 공적이든 대화를 자주 하려고 하지 않는다는 겁니다. 그러니 일방적이고 강압적인 분위기에서 일을 할 수밖에 없습니다. 구성원들의 업무를 점검할 때도 대화로 의견을 나누면서 보고를 받지 않습니다. 본인이 전공이 달라 내용을 잘 몰라서 그런지 보고서에 모든 것이 세세히 표현되길 바랍니다. 이호진 씨뿐만 아니라 팀원 전체가 실제 업무를 하는 것보다 보고서 작성에 더 많은 시간을 할애합니다.

그러다가 일이 잘 안되면 문제점을 공유하고 해결점을 찾기보다는 질책부터 하기 때문에 아예 묻는 말에만 답하게 됩니다. 윗사람의 눈치 때문인지 몰라도 조금이라도 미비한 점이 지적되면 본인이 책임지기보다는 업무 담당자에게 모든 질책이 쏟아지게 만듭니다.

이런 일들을 여러 번 겪고 나니 신임 팀장과 가까워지고 싶은 마음도 없습니다. 선무당이 사람 잡는다는 말이 틀린 것은 아닌 듯합니다. 보고서에 상사가 모를 수도 있는 사항을 구체적으로 쓰다 보면 자주 핵심 주제를 잃고, 결론이 산으로 가는 느낌을 갖습니다.

신개발팀의 일 자체가 아무리 흥미롭다고 해도 일을 하기도 전에 미리 팀장이 의욕을 꺾어 버리니까 팀원들은 날마다 맥이 빠집니다. 팀원들이 실제로 무슨 업무로 얼마나 많은 분량의 일을 하는지에는 관심이 없는 듯합니다. 그러면서 담당자의 보고서가 없어서 업무를 할 수 없다고 말하는 상사와 언제까지 얼굴을 맞대고 일을 해야 하는지 이호진 씨는 답답하기만 합니다.

세계적인 IT 기업인 구글은 '건전한 비판이 살아 있는 문화'를 강조한다. 구성원들의 입에 재갈을 물리고는 치열한 시장 경쟁에서 살아남을 수 없다는 절박함이 묻어 있다.

"그래 가지고 되겠어?", "그렇게 해 봤자 소용없어.", "내가 예전에 써 봤던 방법이야."와 같은 부정적인 비판은 일터의 창의성과 의욕을 꺾는 말이다.

어떤 일이든 완벽할 수 없다. 조직에서 비판과 반대 의견이 많은 것은 좋은 현상이다. 그러나 다만 적절한 대안도 없으면서 비판으로 일관한다면 인신 공격밖에 되지 않는다.

일터에 혼을 심으려면 의욕을 꺾지 않는 건전한 비판이 자유롭게 넘나드는 소통의 공감대를 만들어야 한다. 이것이 진정한 소통이다.

업무의 가치는 직접 만들어 가는 것이다

진정 듣는 것만으로도
대부분 문제가
해결된다

인류 역사를 통해 볼 때, 훌륭한 리더 중에는 진정한 경청가가 많다. 그들은 권력, 재산, 사회적 지위에 관계없이 누구에게나 똑같은 태도로 상대의 이야기에 진정으로 귀 기울였다. 조직에서 그런 리더를 만나면 구성원들은 자신이 없어서는 안될 중요한 존재로 느껴진다. 최상의 커뮤니케이션은 소통이 이루어지는 과정에서 상대가 스스로 매우 가치 있는 존재라고 느끼게 해 주는 것이다. 진정한 경청은 상대의 마음을 읽기 위해 노력하는 의사소통이다. 진정으로 들어주는 리더를 만날 때, 구성원들은 존중 받는 느낌을 받고 고마운 마음을 갖는다.

고종원 과장은 매출 규모 약 5천억원의 아웃도어 제조 및 판매 회사에 다니고 있습니다. 입사한 지 10년이 넘었지만 요즘처럼 윗사람 때문에 스트레스를 받아 본 적도 없습니다.

회사에서는 불경기로 매출이 줄어들자 마케팅 담당 류재성 이사를 외부에서 새로 영입했습니다. 마케팅팀과 제품개발팀, 디자인팀은 부서 간 회의를 자주 진행합니다. 그런데 이 회의의 주관자가 바로 류재성 이사입니다.

이전에는 회의 시간에 열띤 토론을 하면서 서로 반대 의견도 수용되는 살아 있는 회의를 했습니다. 각 팀의 상황을 잘 이해하고 있기 때문에 서로 도우며 협업하는 형태였습니다. 그런데 류재성 이사가 온 뒤로는 회의 자체가 재미없고 무기력하게 느껴집니다.

어느 날 류재성 이사가 개발팀 회의를 소집했습니다. 개발팀의 업무 계획, 개발 일정, 담당자 지정 등을 논의하는 회의였는데 팀원들은 토론을 거쳐 일정과 담당자를 논의하여 정했습니다.

그런데 회의가 거의 마무리될 무렵, 류재성 이사는 갑자기 자신이 이미 정해 놓은 방향을 제시하면서 그쪽으로 결론을 유도했습니다. 결정 통보에 가까웠습니다. 한 시간 반이나 열띤 토론을 통해 내린 결정은 무용지물이 되는 황당한 상황이었습니다.

고 과장은 류 이사에게 회의 중에 팀원들이 좋은 의견을 냈고 담당자도 서로 합의하여 정했으니 다시 고려해 달라고 조심스럽게 건의했습니다. 그런데 류 이사는 회의를 진중하게 경청했지만 자신의 결정이 더 좋은 방향이라고 했습니다.

업무의 가치는 직접 만들어 가는 것이다

이미 자신의 방식대로 결론을 내고 의사 결정을 해둔 상태에서 마치 회의 참석자들의 의견을 듣는 척하는 류 이사의 태도는 정말 기가 막혔습니다. 이런 것을 유사경청이라고 하나요?

갈등은 열흘 후 소집된 회의에서 더 증폭되었습니다. 류 이사의 의도대로 개발이 진행되지 않았고 현실을 무시한 채 몰아붙이는 개발 일정과 전문 영역을 고려하지 않은 담당자 지정 때문에 개발 내용의 질조차 보장할 수 없는 상황으로 번졌습니다.

상황이 좋지 않은 것을 파악한 류 이사는 회의 중에 나오는 의견을 대부분 무시했습니다. 고 과장이 류 이사의 생각과 상반되는 문제를 제기하자, 그럼 고 과장이 맡아서 해결하라는 식으로 대응했습니다. 이런 문제가 발생하고 있으니 의논해서 좋은 의견을 도출하자는 뜻으로 한 말인데, 문제를 제기한 사람에게 알아서 처리하라고 하면 앞으로 누가 문제 제기를 하겠습니까?

윗사람의 시각은 아무래도 팀원들보다는 넓을 테니까 때로는 일방적으로 결정을 내릴 수 있겠지요. 그러나 혼자서 결정한 사안이라도 팀원들에게 상황을 설명하고 적임자는 A이니 맡아 주기 바란다는 식으로 말해 주면 그 일을 맡은 사람이 더 적극적으로 업무를 수행하지 않을까요?

요즘은 류 이사가 회의를 소집하면 고 과장은 그저 시간만 빨리 흘러가기를 바랍니다. 의견을 내도 반영되지 않을 뿐더러 자칫 책임까지 져야 하는 상황으로 몰리기 때문에 개발팀 회의 시간은 점점 더 조용해지고, 류 이사는 더 많은 말을 하지요. 누구 하나 제대로 의견을 낼 수 없는데 무슨 일인들 신명이 나겠습니까?

경청과 관련한 연구 결과에 의하면 젊은 세대일수록 윗사람에게 업무 피드백을 자주 받기를 원한다.

한 업체에서 연령과 계층을 불문하고 2,000명의 직장인을 대상으로 실시한 설문 조사에서 1965년부터 1979년 사이에 태어난 X세대의 구성원 중 25% 이상이 적어도 일주일에 두 번 이상 상사에게 진행 업무에 대한 피드백을 받는 것이 탁월한 성과 창출에 매우 중요하다고 응답했다. 반면 1928년에서 1945년 사이에 태어난 세대의 경우 단지 11%만이 상사와 피드백을 자주 주고받는 것이 중요하다고 응답했다.

이 연구 결과는 시대적 흐름을 잘 반영하고 있다. 어떤 형식의 회의든 업무 수행이든 리더가 경청을 잘하는 의사소통이야말로 성과 창출의 핵심이라고 할 수 있다.

남아프리카 공화국의 만델라 대통령은 어떤 회의나 토론장에서 자신의 의견을 말하기 전에 참석한 사람들이 무엇을 말하려는지 먼저 듣기 위해 노력했다고 회고한다. 그는 그런 과정에서 자신이 제안하고 싶었던 해결점이나 이슈들이 대부분 표출되었으며 만델라 자신은 그저 경청한 사안들에 동의하기만 하면 된다는 것을 깨달았다고 말했다. 만델라는 리더는 회의석상에서 진정한 경청을 통해 대부분 문제를 해결할 수 있다는 점을 강조하고 있는 것이다.

업무의 가치는 직접 만들어 가는 것이다

서 른 다 섯 번 째

프로는
사소한 일에도
자신의 혼을 담는다

사람들은 흔히 프로가 되는 길은 전문 지식이나 기술을 많이 갖추는 것이라고 착각을 한다. 전문 지식이나 기술이 필요한 프로의 길도 있지만, 세상의 많은 직업 중에는 전문 지식이나 기술이 필요 없는 일도 많다. 주변을 돌아보면 아는 것이 많은 지식인은 수두룩하지만, 그들이 모두 자기 일에서 프로가 되지는 않는다. 그렇다면 프로와 아마추어의 차이는 무엇일까? 그것은 바로 일을 대하는 그들의 생각에서 비롯된다. 진정한 프로는 좋아하는 일이든 싫어하는 일이든 그것에 자신의 혼을 담는다.

박진수 주임이 지금의 빅데이터 스토리지 회사에 입사한 지도 벌써 5년째입니다. 프로그램 개발 업무가 본인 적성에도 맞고 일 자체가 재미있어서 비록 보수는 동종 업계보다 많지 않지만 신명 나게 일하고 있습니다. 일이 즐거우면 주변 상황은 그리 문제가 되지 않는 것 같습니다. 더욱이 프로그램 개발팀은 서로 협력이 잘 이루어지고 정보 공유가 잘되고 있어서 개발 과정에서 발생하는 문제나 이슈는 잘 해결해 나가고 있습니다.

만일 박진수 주임이 신입사원 시절에 만났던 상사와 같이 일을 했다면, 아마도 지금은 그 사람이 없는 다른 회사로 옮겼을 것입니다. 박 주임은 신입사원 시절 윗사람에게 무척 무안을 당했던 적이 있습니다. 지금도 가끔씩 그때 일이 떠오르곤 합니다.

당시 조직에서 PLT 개발이 한창 진행 중이었습니다. PLT는 3D 도면을 그릴 때 사용하는 CAD에서 플롯 명령을 하는 것으로 같은 출력물을 명령할 때 절차를 반복하지 않을 수 있고 다른 사람에게 똑같은 출력물을 보이게 할 때도 유용한 확장파일입니다.

당시 신입사원이었던 박진수 씨는 프로그램 코딩에 흥미를 느끼기 시작했습니다. 정말 그 일이 자신에게 꼭 맞는 것 같다고 생각하면서 신나서 열심히 일했습니다. 선배들과 함께 일하면서 개발 진행도 순조로웠으며 선배들은 박진수 씨가 신입이지만 일을 빨리 배우고 응용 능력도 뛰어나다고 칭찬이 자자했습니다.

그렇게 나름대로 뿌듯해하며 지내던 어느 날, 평소에 별로 말이 없던 팀장이 팀원들이 모두 있는 자리에서 박진수 씨에게 "요

업무의 가치는 직접 만들어 가는 것이다

즘 일하는 게 어때요?"하고 물었습니다. 박진수 씨는 신이 나서 "네, 지금 하는 일이 너무 재미있습니다."라고 자신 있게 대답했습니다. 그러자 팀장은 대뜸 "일은 재미로 하는 게 아니에요! 재미로 무슨 일을 한다고 그래요?"

박진수 씨는 팀원들 앞에서 어쩔 줄 몰랐습니다. 태어나서 그렇게 무안했던 기억이 별로 없었습니다. 그럼 일을 어떻게 해야 하는 것일까요? 팀장처럼 늘 굳은 얼굴로 해야 할까요? 어떻게 하는 것이 일을 제대로 하는 것인지 팀장은 일은 재미로 하는 게 아니라는 말 외에는 어떤 조언도 해주지 않았습니다.

박진수 씨는 칭찬을 바라고 대답한 것은 아니었습니다. 그저 하는 일이 재미있고 하나씩 배워 가는 것이 신나서 솔직한 대답을 했을 뿐입니다. 그런데 팀장이라는 사람이 신입사원의 자라는 싹을 그런 식으로 꺾어서는 안 된다고 생각했습니다. 칭찬하고 격려해 주지는 않더라도 열심히 하는 직원에게 찬물은 끼얹지는 말아야지요.

그 후 6개월 뒤에 박진수 씨는 다른 부서로 이동하였고 당시의 팀장은 어쩌다 마주치는 정도가 되었습니다. 몇 년 후, 그 팀장이 직장을 옮겼다는 이야기를 들었을 뿐입니다.

자신이 받는 보수만큼 일을 한다고 생각하는 사람과 자신의 일이 조직과 사회에 도움이 되어야 한다는 생각으로 일하는 사람과의 차이가 바로 아마추어와 프로의 차이이다.

무엇을 하든 내 손을 거치는 일들은 최고여야 한다는 생각 자체가 당신을 프로로 만든다.

날마다 같은 일을 하는 지루함으로 말하면 프로들이 더 심할 수 있다. 프로 화가는 날마다 화폭에만 매달려 있다. 프로 첼리스트는 하루의 시작과 끝이 첼로 연주다. 프로 골퍼는 하루 종일 공치는 일 외에는 다른 일을 하지 않는다.

하지만 하루 종일 그 일에 매달린다고 모두 성공하는 것은 아니다. 더 많이 좌절하고 더 많이 절망할 때도 프로는 최고를 향한 집념을 놓지 않는다. 그런 까닭에 그들은 사소한 훈련이나 일에도 자신의 혼을 담는다.

업무의 가치는 직접 만들어 가는 것이다

비전을
제시하지 못하는
리더는 필요악이다

목표가 없는 인생은 등대 없는 바다와 같다. 아주 가까운 미래인 내일 일도 완벽하게 장담할 수는 없지만, 나의 돛단배가 어느 방향으로 노를 젓는지 정도는 알고 있어야 미래를 대비할 수 있다. 인생의 목표를 세우는 가장 큰 목적은 살면서 어려움을 겪거나 뜻하지 않은 고난을 만날 때 자신에게 희망과 위안을 가져다주기 때문이다. 그것은 망망대해를 지날 때의 나침반과 같은 역할을 한다. 한 치의 앞도 내다볼 수 없지만, 목표는 보다 나은 방향으로 자신을 이끌어 주는 이정표이다.

구창민 씨는 세계적인 특허를 다수 보유하고 있는 기기용 자동제어장치 제조회사에 입사한 지 6개월 된 신입사원입니다. 연봉 조건이 훨씬 좋은 다른 회사에도 합격했지만, 이 회사는 많은 특허를 보유하고 있어서 새로운 지식이나 기술을 많이 배울 것 같아 최종 선택했습니다.

사람은 누구나 자신이 선택한 직장에 대해 자부심을 가지고 있다고 생각합니다. 구창민 씨는 회사에 대한 자부심이 없으면 그만두어야 한다고 생각하는 사람입니다.

그런데 요즘 자신의 첫 직장 상사인 김신일 팀장을 보면서 자신이 회사를 잘 선택한 것인지에 대해 의문이 들고 갈등을 느낍니다. 한마디로 김신일 팀장은 구성원들의 사기를 꺾는 데 일가견이 있어 보입니다.

입사한 지 한 달째 되던 날, 팀장과 첫 개별 면담이 있었습니다. 팀장은 구창민 씨를 보자마자 물었습니다. "인사 기록을 보니 능력도 꽤 있어 보이는데 무엇 때문에 이 부서를 지원했나?"

순간 구창민 사원은 당황했습니다. 자신을 시험해 보기 위한 질문일 수도 있다는 생각이 들었습니다. 그래서 자신이 이 회사를 선택한 이유와 지금의 부서를 지원하게 된 동기, 앞으로의 포부와 비전을 나름대로 열심히 설명했습니다.

그런데 팀장은 "여기서 일하는 것은 별 볼일 없으니 빨리 다른 직장을 알아보는 것이 좋을 거야."라는 식으로 뜬금없는 이야기를 했습니다. 이 부서에 있으면 신기술도 제대로 배우지 못할 뿐

업무의 가치는 직접 만들어 가는 것이다

만 아니라, 회사가 상대하는 고객들도 엉망이라며 회사에 대한 불평을 늘어놓았습니다.

리더에게 조직에 대한 의욕 넘치는 장밋빛 미래 전망을 듣고 싶었던 신입사원이 부정적인 이야기만 듣고 있으려니 기운이 쭉 빠졌습니다. 구창민 씨뿐만 아니라 다른 팀원들도 팀장과 면담을 하면 사기가 뚝뚝 떨어진다고 했습니다. 모두들 괜히 입사했나 하는 생각을 하게 되었습니다.

김신일 팀장이 승진 과정에서 번번이 누락된 사실을 뒤늦게 알게 되었습니다. 리더가 조직의 인사고과와 승진에 대해 불만이 많다고 해서 다른 구성원들에게 불만을 토로하면서 회사 위상을 떨어뜨리는 일은 없었으면 합니다.

팀장은 시간이 날 때마다 구성원들에게 "지금 하는 일에는 더 이상 비전이 없다, 내가 승진이 안되는 이유를 모르겠나, 회사가 이 부서의 역할을 축소하거나 없애려고 하는 거다."라고 이야기합니다. 그리고 본인 스스로 다른 부서, 다른 회사로 가야겠다고 입버릇처럼 말합니다.

사실 말만 하지 말고 빨리 다른 부서로 가라고 말하고 싶은 마음이 굴뚝 같습니다. 구창민 씨는 자기 일에 자부심이 없고 구성원들에게 비전과 희망도 심어 주지 못하는 상사는 사실 필요 없다고 생각합니다.

비전과 목표가 명확하지 않은 일터, 구성원들이 목표를 달성하기

위해 지켜야 할 가치 기준이 명확하지 않은 조직이 성공하는 예는 드물다. 자기 성장에 대한 비전이나 목표가 명확하지 않은 리더가 구성원들을 성공적으로 육성하는 경우도 별로 없다.

리더의 직위가 높아질수록 높은 급여를 주는 것은, 조직이 어렵고 힘든 상황이라도 그들이 구성원들에게 목표를 명확히 심어 주고 기대 사항을 강조하여 한 방향으로 잘 이끌어 가기를 기대하기 때문이다.

목표가 명확하지 않은 리더는 조직의 변화 사항에 갈팡질팡하며 구성원들을 방향 없이 이리저리 끌고 다닌다. 그런 조직에서는 탁월한 성과를 기대할 수 없다.

업무의 가치는 직접 만들어 가는 것이다

일을 고마운 선물로 **여기는 일터**

자기 일의 주체가 되어라

1 상사나 주변 환경 때문에 일을 제대로 못한다면 그 사람은 이미 일의 노예가 된 것이다. 사자는 소리에 놀라지 않고 바람은 그물에 걸리지 않는다. 진정으로 자기 일에 가치를 부여하는 사람은 다른 사람이나 상황에 이끌려 가지 않는다. 오히려 자신의 생각대로 이끌어 간다. 자신의 신념에 따라 끊임없이 도전하며 새로운 일을 시도해 나가면 어느새 스스로 일의 주인공이 되어 있음을 깨닫게 된다.

열린 생각으로 다른 사람을 도와라

2 지금의 일터와의 인연은 언젠가는 끝이 난다. 다만 시기가 각자 다를 뿐이다. 과연 직장에 몸담고 있으면서 내게 남은 것이 무엇인지 성찰해 보자. 상사에게 시달렸던 일, 동료들을 시기했던 일, 외로웠던 순간들도 모두 한때 걸쳤던 옷에 지나지 않는다. 그러나 다른 사람을 도왔던 일, 그들의 고충을 이해하고 해결해 주기 위해 애썼던 경험은 사라지지 않고 더 나은 미래를 위한 씨앗이 된다. 다른 사람을 돕는 일에 적극적으로 나서라. 그것이 자신의 일을 오래도록 의미 있게 만드는 길이다.

3 자기 일에 가치를 부여해라

아무리 아름다운 꽃도 이름을 부르지 않으면 한낱 스쳐 지나는 들꽃에 불과하다. 자신이 하고 있는 일이 아무리 대단한 것이어도 스스로 가치 부여를 하지 않으면 그저 높은 급여를 받는 직업일 뿐이다. 보잘것없고 생색나지 않는 일에도 가치를 붙이면 빛나는 업적이 된다. 자기 일에 강한 자부심을 가질 때 그 직업은 개인의 자긍심을 넘어 사회와 인류에 의미 있는 존재로 남는다.

4 진정한 경청으로 문제를 해결하라

다른 사람의 이야기를 들을 때, 자신의 편견과 생각을 내려놓고 상대와 하나가 돼야 자신과의 관계에서 나타나는 문제를 해결할 수 있다. 사람들은 인내심을 가지고 다른 사람의 이야기를 끝까지 듣는 자체를 경청으로 착각한다. 그러나 경청의 끝이 자기의 의도와 생각대로만 결론 난다면 그것은 유사경청이다. 유사경청이란 듣되 진정으로 듣지 않는 것이고, 공감하되 참된 공감이 없는 것이다. 진정한 경청은 상대 입장에서 듣고 상대 입장에서 문제를 해결하는 것이다.

5 진정한 프로가 되어라

진정한 프로는 지식이나 기술로 결정되는 것이 아니라 현재 일에 혼신을 다하는 결과에 따라 결정된다. 좋아하는 일, 하고 싶은 일에만 열정을 쏟는 사람은 아마추어이다. 주어진 일이 무엇이든, 그 일을 대하는 태도가 프로와 아마추어를 결정한다. 진정한 프로는 똑같이 반복되는 일상 업무의 지루함이나 어려운 여건 속에서도 최고를 향한 집념을 강하게 나타낸다. 그리고 하찮은 일이나 훈련에도 자신의 혼을 담아 수행한다.

업무의 가치는 직접 만들어 가는 것이다

PART **6**

공정한 평가 기준이 성취 의욕을 자극한다

더 많은 업무를 감당하려는 사람은 없다

좋든 싫든 모든 일은 한순간, 영원한 것은 없다

팀워크를 다지는 최선의 길은 정확한 정보 전달이다

목표 의식에 갇히면 주변을 돌아볼 수 없다

진솔한 소통이 같은 목표로 몰입시킨다

차이는 인정하고 차별은 없애야 인재가 넘쳐난다

Dr. Cho's Tip

공정한 인정은 일터를
풍성하게 한다

공정한 평가 기준이
성취 의욕을
자극한다

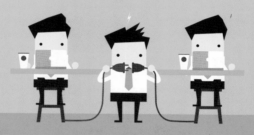

부모 입장에서는 자녀가 다른 아이를 때리고 들어올 때보다 맞고 들어올 때 더 가슴 아프다고 한다. 모름지기 다른 사람에게 상처를 줄때보다 자신이 상처를 받았을 때, 그 아픔은 더 오래간다. 그렇듯 공정하게 생각하고 행동하는 것은 어려운 일이다. 리더가 모든 구성원을 공정하게 대우하기는 말처럼 쉽지 않다. 하지만 기본 원칙만 적용한다면 공정성 때문에 크게 갈등할 필요는 없다. 빵을 훔쳤든 수억원을 가로챘든 훔친 행위 자체에 대한 잘못을 이야기해야만 답을 찾을 수 있다. 본질은 제치고 주변 조건에 집착한다면 예외는 한이 없고, 나중에는 무엇이 공정한 것인지 혼란을 겪게 된다.

배기산 과장은 연 매출 2조원이 넘는 식음료 회사의 생산지원부에서 일하고 있습니다. 생산부의 특성상, 부서장의 인사고과 권한은 다른 부서보다 비교적 강한 편입니다. 모두가 비슷한 일을 하고 있으며 또 부서 공통 평가 사안이 많아서 부서원들을 일일이 살피지 않으면 연공서열이나 나이 순에 따라 승급이나 승진이 되는 경우가 많습니다.

이런 면에서 볼 때 3년 전에 생산지원부를 맡은 조용만 부서장은 생산부원들 모두에게 매우 공정한 사람이라는 평판을 듣습니다. 연초가 되면 조용만 부서장은 부서원 개인과 일주일 동안 면담을 합니다. 그 과정에서 개인의 역량에 대해 강점과 취약점을 함께 이야기를 나누면서 여러 가지로 분석합니다. 그리고 한 해의 개인과 부서 목표, 그리고 개인의 역량 개발 목표를 확실하게 공유한 다음에 서로 사인을 합니다.

이 과정에서 배기산 과장은 2차 검토자로 조용만 부서장을 보조합니다. 혹시나 부서장에게 자기 의견을 제대로 말하지 못하는 부서원들을 구제하기 위한 것이죠. 부서의 일도 많은데 일주일 동안 하루에 4시간에서 5시간 정도씩 부서원들과 면담하는 것이 쉽지는 않습니다. 그 일이 끝나면 부서원들은 대체로 자신이 올 한 해 동안 무엇을 성취해야 하며, 어떤 것이 평가나 인사고과의 기준이 되는지를 알게 됩니다.

부서장은 생산부의 팀워크를 강조합니다. 그래서 개인 목표와 부서 목표 달성에 똑같은 비율로 가중치를 둡니다. 배기산 과장은 부서장이 설정한 부서 목표를 관리합니다.

부서 목표의 가중치가 크기 때문에 부서원들은 온전히 평가를 받기 위해서는 개인 목표에만 집중할 수 없습니다. 부서장은 세 달에 한 번씩 부서원들의 목표 달성 진척도와 개인 역량 계발 정도를 체크합니다. 부서원들은 그때마다 자기가 어느 정도 목표를 달성했는지, 부서 목표 달성에는 어느 정도 기여하고 있는지, 무엇을 개선하고 보완해야 하는지를 명확히 이해하고 더욱 노력하게 됩니다.

리더의 이런 노력으로 부서원들은 연말 평가에서 대충 자신이 어떤 평가를 받게 될지 짐작하게 됩니다. 중간중간에 떨어지는 수명 업무는 부서장이 그에 알맞은 가중치를 주기 때문에 부서원들은 과외의 일을 한다는 느낌을 받지 않습니다.

이 부서의 구성원들은 3년 전부터 때가 되면 저절로 승진될 것이라는 기대를 버렸습니다. 그러니 젊은 사원들도 평가나 고과에 대한 불만이 없습니다.

배기산 과장은 조용만 부서장이 자랑스럽습니다. 부서장의 철저하고도 공정한 성과 관리 덕분에 이전 부서장들에게 겪었던 불공정, 연공서열, 일 잘하는 사람이나 못하는 사람이나 평가에는 큰 영향이 없다고 생각했던 구성원들의 생각이 많이 바뀌었습니다.

부서원들도 부서장의 평가와 인사고과에 대한 불만이 전혀 없습니다. 다만, 더 노력해서 상사와 합의한 기준을 맞추어야 한다는 생각뿐입니다. 조용기 부서장의 엄격하고도 공정한 평가 기준과 그 결과에 대한 공유 덕분에 부서의 목표도 1.5배나 높게 달성하고 있습니다.

사람은 누구나 자신에게 잘하는 사람을 편애하려는 성향이 있다. 사람은 상호 관계 속에서 움직이는 감정의 동물이기 때문에 조직이 정하는 규정이나 방침에 따라 업무 결과를 기계처럼 똑같이 평가할 수 없다.

그래서 리더는 자신의 평가 행위가 치우침이 없는지 객관적으로 성찰할 필요가 있다. 공정한 평가와 인정이 없다면 구성원들은 자신에게 부여된 목표 이상을 성취하려는 의욕을 상실한다.

조직이 지속적인 성장과 발전을 하려면 구성원들이 노력한 결과에 대한 공정한 인정과 보상이 보장되어야 한다. 연공서열이나 학연, 지연에 근거한 성과와 승진이 불문율로 남아 있는 일터에서 어느 누가 탁월한 성과를 내기 위해 노력하겠는가? 평가 기준이 명확하고 결과가 공평할수록 구성원들의 인사고과에 대한 불만은 줄어들 뿐만 아니라 일을 더 잘하고 싶은 욕구가 생긴다.

공정한 인정은 일터를 풍성하게 한다

더 많은 업무를
감당하려는
사람은 없다

힘들고 고된 짐을 더 많이 지겠다고 굳이 나서는 사람은 드물다. 하지만 굳이 멀리까지 보지 않더라도 우리는 주변에서 다른 사람의 고통을 덜어 주기 위해 스스로 더 많은 노동과 수고를 기꺼이 감수하는 사람들을 볼 수 있다. 이렇듯 따뜻한 마음을 가진 사람들은 인생을 네 것과 내 것으로 갈라놓는 파이로 생각하지 않는다. 그들은 기쁨과 슬픔을 함께 나누는 공동체적인 인식이 강하다. 팀워크가 강한 조직들은 안을 들여다보면 구성원들이 서로를 위해 기꺼이 희생하고 더 많은 수고를 기꺼이 감당하는 모습을 볼 수 있다.

김성준 선임연구원은 자동차 부품 생산 업체에 근무하고 있습니다. 김성준 선임이 일하는 연구소에서는 제품 개발 시작 시점에 모두 모여 각 업무를 세세하게 나누어 맡습니다. 그런 다음 각자가 업무를 추진하여 완수하고 최종적으로 모든 결과물을 취합하는 과정으로 개발이 진행됩니다.

연구원들의 특성상 개성이 매우 강하며 취향도 다를 뿐만 아니라 업무 방식도 제각각입니다. 그래서 어떤 사람은 일을 빨리 마치기 위해 밤새우면서 업무에 몰두하기도 합니다. 그런가 하면 어떤 연구원들은 정해진 최종 일정에 맞추어서 서서히 맡은 업무를 완성해 나갑니다.

그런데 문제는 항상 개인의 업무 결과를 취합할 때에 발생합니다. 1차적으로 결과를 취합할 때에 미진한 부분이 있으면 부서장은 그것을 밤새우면서 미리 일을 끝낸 연구원에게 나누어 줍니다.

어떻게 이런 일이 생길 수 있습니까? 어떤 사람은 정해진 날짜에만 맞추면 되기 때문에 자신의 계획에 따라 일찍 퇴근하기도 하고 개인 시간을 즐기기도 합니다. 또 어떤 사람은 밤새워서라도 일을 빨리 끝내고 나머지 시간은 다른 업무나 개인 시간을 갖는 방법으로 일합니다. 각자 업무 패턴은 다르니까요.

개발 결과를 취합하기 전까지는 연구원 각자가 할당된 업무를 개별적으로 추진하는 것이기 때문에, 업무를 빨리 마치고 남은 시간을 자기계발 하는 데 쓰려고 했던 김성준 선임의 꿈은 사라졌습니다. 그는 남들이 놀 때 같이 놀고 퇴근할 때 같이 퇴근하고 싶은 마음을 꾹 누르면서 배당 업무를 마쳤고, 앞으로 생길 여유 시간을 고대하고 있었습니다.

부서장의 이런 일 처리 방식을 겪으면서 김성준 선임도 이제 어떤 일이든 서둘러 끝내지 않게 됐습니다. 자신의 일을 마치면 다른 사람의 일까지 해야 할 처지니까요.

상호 협력이라는 명분으로 각자 일의 책임 소재를 분명히 하지 않는 부서장 때문에 김성준 선임뿐만 아니라 대부분 연구원들이 느슨하게 일을 처리합니다.

그러다 보니 김 선임이 속한 연구개발팀은 다른 팀에게 일하지 않는 팀으로 낙인 찍혔습니다. 경영진도 김 선임의 연구개발팀이 실적은 없고 다른 팀에서 벌어 놓은 돈만 갖다 쓰는 한심한 팀이라는 질책을 자주 합니다. 이러다가 팀이 없어질까 걱정입니다. 조직에서 상호 협력은 서로 수준이 비슷할 때 해야 하는가 봅니다.

일터에서 구성원들 간에 갈등이 생기는 가장 큰 원인 중 하나가 업무 분배의 불공평이다.

남의 떡이 커 보인다는 말이 있다. 옆 팀은 항상 일찍 퇴근하는 것 같고, 낮에도 별로 하는 일 없는 것 같고, 재미있는 활동은 그 팀이 다하는 것 같은 느낌이 들 때가 있다. 자신은 언제나 최선을 다해서 노력하고 휴일까지 반납하면서 일하는데, 상대는 나보다는 덜 노력하는 것 같은 생각이 들 때가 있다.

실제로 조직에서는 이런 현상이 자주 발생한다. 그래서 구성원들은 항상 자신이 손해 본다는 피해 의식을 갖게 된다. 이런 피해 의식은 상대에 대한 미움과 시기, 질투로 변질되어 서로 협력하는 일터 분위기를 만드는 데 장애가 된다.

자신이 다른 동료보다 더 많이 일하는 경우도 있고, 더 많은 야근을 할 때도 있다. 그러나 일년을 통틀어서 일하는 데 소요된 각자의 시간을 계산해 보면 아주 예외적인 팀을 제외하고는 그리 큰 차이가 나지 않는다.

그런데도 리더에게 공정한 업무 분배는 항상 고민되는 부분이다. 일을 더 잘하는 사람에게 더 많은 일을 주게 되는데, 이것은 더 많은 짐을 지게 하는 것이다.

다만 리더는 이러한 수고가 헛되지 않게 세심하게 보살피고 과외의 수고나 성과에 대해 공정하게 인정하고 보상한다면 업무 분배에 따른 구성원 간의 갈등은 줄어들게 된다.

공정한 인정은 일터를 풍성하게 한다

좋든 싫든
모든 일은 한순간,
영원한 것은 없다

우리가 살면서 날마다 맞닥뜨리는 사건이나 감정은 시간이 지나고 보면 한때의 일이다. 영원히 그 자리에 머물러 있지 않는다. 사소한 일들에 부딪칠 때마다 오만 가지 생각이 순간적으로 출렁이지만, 넓고 크게 생각해 보면 그저 흔적 없이 왔다가 사라지는 거품과 같은 것이다. 살면서 인연을 맺는 모든 것은 시간이 흐르면 추억일 뿐이다. 그때 더 잘해 주지 못하고 더 많이 베풀지 못한 것들이나 불편하고 억울하다고 여겨지는 것들도 한때일 뿐이다. 우리가 겪는 모든 일들은 시간이 흐르면 사라진다.

저는 요즘 상사의 불공정한 편애를 실감하면서 지내고 있습니다. 특수장비를 다루는 우리 회사는 보수적인 문화가 강합니다. 그만큼 직속 상사의 인사권도 큽니다.

팀원 평가의 80퍼센트는 팀장의 평가에 좌우됩니다. 과거에는 직속 상사의 평가가 30퍼센트, 차상위자의 평가가 70퍼센트였는데, 이런 평가 시스템 때문에 구성원들이 팀장의 권위를 무시한 채 임원에게만 충성하는 행동을 나타내기도 했습니다.

그래서 팀워크가 중요한 우리 회사는 인사 제도 및 시스템을 전면적으로 개선해서 지금은 직속 상사의 평가가 거의 85퍼센트이며 차상위자의 평가나 인사에 대한 영향력은 15퍼센트로 줄어들었습니다.

인사 제도 개선 후 처음 1년 동안은 팀 업무가 잘 돌아가는 것 같았고 팀 성과도 이전보다는 나아지는 듯했습니다.

그런데 인사 제도 개선 후 3년이 지난 지금은 다시 옛날로 돌아가야 할지 고민할 만큼 팀장의 평가 권한 때문에 구성원들이 제대로 일을 하지 못하는 지경까지 이르렀습니다. 팀장의 무소불위의 평가 권한이 팀워크를 저조하게 만들 뿐만 아니라 팀원들 간 갈등을 심화시키고 있기 때문입니다.

지금 제가 겪고 있는 문제도 팀장의 인사고과권 때문에 벌어진 사항입니다. 지금 소속 팀에서 진행하고 있는 프로젝트는 주임인 나와 박재영 대리 둘이서 담당하고 있습니다. 우리 팀 길성재 팀장은 박재영 대리와 같은 아파트에 살고 있으며 아침마다 박재영

공정한 인정은 일터를 풍성하게 한다

대리의 차로 출근합니다. 그러니 두 사람 사이가 가까워지는 것은 당연합니다.

그런데 그러한 가까운 개인적인 관계가 회사에서 업무에까지 영향을 미치고 있습니다. 길 팀장은 회의를 할 때 지금 저와 박 대리가 함께 진행하고 있는 프로젝트에 대한 진행 상황이나 결과 등을 제가 아닌 박 대리에게만 묻습니다. 그리고 회의 때마다 박재영 대리의 의견만 참고하고 제 의견은 듣지도 않습니다. 제가 그 회의에 왜 참여하고 있는지도 모르겠고 멍하니 있다가 나오는 꼴입니다. 완전히 따돌림 당하는 기분은 회의가 끝날 때마다 느낍니다.

사실 박재영 대리는 입으로는 일을 다합니다. 프로젝트를 수행할 때 힘들고 궂은 영역은 저한테 슬쩍 떠넘깁니다. 팀장은 프로젝트를 매일 보는 것도 아니고 진행 사항만 중간중간 보고 받고 판단하기 때문에 박 대리에게 전적으로 의존합니다.

해당 프로젝트를 실제로 진척시키는 제 의견은 자꾸 무시당하니까 이제는 프로젝트를 완수하겠다는 의지조차 시들해졌습니다. 지금은 길성재 팀장이 리더로 보이지 않아서 꼭 해야 할 말 이외에는 하지 않고 지냅니다. 제가 지금 무언의 시위를 하고 있는 것이 팀장에게는 버릇없어 보일 수도 있습니다. 하지만 정나미가 떨어진 프로젝트인데다가 설령 잘 수행한다고 해도 성과는 박재영 대리가 차지할 게 불 보듯 뻔합니다. 누구 좋으라고 최선을 다하겠습니까?

자신의 인생은 다른 사람을 위해 사는 것이 아니다. 내 인생의 주체는 자신이고, 나의 행복을 위해 살아간다.

마찬가지로 조직에서 일을 하는 것은 누구 좋으라고 하는 것이 아니다. 지금은 손해 보는 기분이 들 수도 있지만, 결국은 얄팍하게 행동하는 사람에게 커다란 공적은 가지 않는다는 사실을 기억하자.

순간순간 불공평하게 느껴지더라도 그 일이 의미 있고 자신의 성장에 도움이 된다면 끝까지 최선을 다해야 한다. 누구를 위한 것이 아닌 자신의 미래를 위한 투자이다. 다른 사람 때문에 시작한 게으르고 나태한 행동이 어느 순간 자신의 모습으로 굳어 버릴 수 있다.

지금 '당신의 일'은 다른 누가 아닌 자신의 성공과 성장을 위해 당신을 기다리고 있을 뿐이다.

공정한 인정은 일터를 풍성하게 한다

마 흔 번 째

팀워크를 다지는
최선의 길은
정확한
정보 전달이다

마음의 병을 낳는 의심의 출발은 정보를 잘 알지 못하는 데서 비롯된다. 정보를 제대로 또 정확하게 알지 못하면 추측을 하게 되고 그 추측은 소문에 소문을 낳는다. 이런 소문은 결국 진실이 아닌 것이 진실이 되는 기이한 현상을 만들어낸다. 정보가 제대로 공유되지 않을 때 사람들은 무성한 소문에 시달린다. 이때 사람들은 사실적인 정보조차 임의로 해석하며 이기적이고 자기 편의적으로 정보를 이용한다.

이관유 상무는 기술연구 총괄본부장을 맡고 있으며 6개 팀을 관리하고 있습니다. 기술본부는 사내외의 많은 정보를 접하고 이를 분석해서 정확한 사실을 파악할 수 있어야 합니다.

이 상무가 3년 전 지금의 총괄본부를 맡았을 당시, 기술본부는 보안을 이유로 거의 모든 정보는 임원과 팀장 선까지만 전달될 뿐, 구성원들은 어떤 개발이 진행되고 있는지 정확히 알지 못하고 있었습니다. 뿐만 아니라 회사의 변화 사항이 제대로 전달되지 않아 구성원들 사이에는 인사나 사업 관련한 추측성 소문이 무성했습니다. 그 소문 중에는 사실인 것도 있었지만 대부분은 구성원끼리 이야기하면서 부풀려진 것이 많았습니다.

이관유 본부장이 사원 시절에도 가장 힘들었던 것이 회사의 변동 사항이 구성원들에게 전달되지 않는 것이었습니다. 정작 구성원들은 신문이나 고객, 다른 회사의 지인을 통해서 인수합병이나 신제품 개발 등의 정보를 접할 수 있었습니다.

그래서 자신이 관리자가 되면 직급에 관계없이 조직에서 일어나는 다양한 정보를 사원급까지 전부 공유하는 시스템을 만들어보리라 생각했습니다.

이 본부장이 기술연구본부를 처음 맡았을 때, 직원들과 면담하는 과정에서 자신이 사원 시절에 겪었던 것을 그들도 느끼고 있는 것을 알았습니다. 그들은 담당 업무를 왜 하는지, 조직의 비전에 어떻게 기여하는지도 모른 채 그냥 지시나 요구에 따라 과제를 처리하기에 바빴습니다.

공정한 인정은 일터를 풍성하게 한다

그래서 3일 동안 진행된 워크숍에서 전체 구성원이 회사 비전과 기술연구본부의 비전, 5년 뒤까지 사업 목표와 전략, 당해년도의 목표를 공유한 뒤에 그 목표에 대해 구성원들이 토론하도록 과제를 주었습니다. 그러면서 팀장들에게는 자기 팀원들을 일일이 면담하여 개인의 장단점이나 성향을 충분히 파악해서 팀장 회의 때 가져올 것을 요청했습니다.

본부 워크숍을 계기로 이관유 본부장은 격주로 전체 회의를 소집하여 경영진 논의 사항이나 기술연구본부의 연구 방향의 변화, 외부 경쟁사의 기술개발 동향 등을 알렸고, 목표 달성 현황도 함께 공유했습니다.

매주 팀장 회의에서는 각 팀장들이 팀원들의 특성을 제대로 파악하고 있는지, 그리고 그에 적합한 업무를 배분하는지도 점검했습니다. 팀장들은 할 일이 태산 같은데 어떻게 팀원을 일일이 챙기느냐고 불평했습니다.

그러나 이관유 본부장은 팀장들의 연구 실적을 따지기 전에 팀원들이 어떻게 연구 업무를 수행하는지, 수행 방법에 변화는 있는지 등을 먼저 질문했습니다. 본부장의 이런 방식 때문에 팀장들은 자연스럽게 팀원들 업무에 깊이 관심을 가지고 지원할 수밖에 없었습니다.

본부장이 오기 전까지 직원들은 일을 하기는 하지만 목표도 모르니 헤맬 때도 많았고, 원래 목표를 추구해 나가는 것이 계획에도 맞지 않아 짜증나는 경우가 많았습니다.

그러나 3년이 지난 지금, 기술연구본부는 정확한 정보를 토대로 일을 추진하기 때문에 시간을 절약할 뿐만 아니라 결과도 더욱 향상되고 있습니다. 과거에는 찾기 어려웠던 기술 자료를 찾는 일뿐만 아니라 보고서의 기본 양식까지 전 직원이 공유할 수 있는 플랫폼을 완성하여 업무 효율성을 증대시키고 있습니다. 이관유 본부장의 훌륭한 리더십은 지금 기술연구본부의 신화를 써 내려가고 있습니다.

정보는 나눌수록 더 많이 커질 수 있다. MIT 보고서에 따르면 11시간마다 새로운 지식이 두 배로 생성되는 지식·정보화 시대에서 정보의 소유는 더 이상 의미가 없다.

손가락 하나만 클릭하면 어떤 지식이나 정보든지 접할 수 있는 이 시대에 조직은 때로는 정보 보호를 이유로 우물 안 개구리 신세가 된다. 조직의 생존을 위협하는 특수 기술이나 지식 또는 정보는 5퍼센트도 채 되지 않는다. 나머지 정보는 직원들이 알면 알수록 더 적극적으로 업무에 매진할 수 있게 만든다.

세계적인 증권사 골드만삭스는 슈퍼 애널리스트의 개인 성과를 허용하지 않는다. 슈퍼 애널리스트들은 자신의 정보를 나누어 팀워크를 이루어낼 때, 그 성과가 인정되는 보상 시스템을 유지하고 있다. 즉 팀 성과에 따른 인정과 보상이 이루어지기 때문에 최고의 정보를 공유하면서 최강의 팀워크로 일하고 있다. 그 만큼 정보는 공유할수록 큰 힘을 발휘한다.

공정한 인정은 일터를 풍성하게 한다

목표 의식에 갇히면 주변을 돌아볼 수 없다

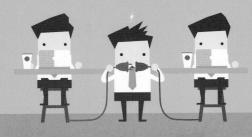

세상을 자기중심적으로 살아가다 보면 자신도 모르게 게으름과 나태함에 빠져 인생의 막다른 골목으로 치달을 수 있다. 어우러져 사는 세상에서 다른 사람의 처지를 살피는 것은 자신을 더욱 단단하게 만드는 길이다. 성공의 출발선에서 어떤 사람은 자신에게 기대려는 사람들을 밀어낸 채 자기 목표만을 향해 혼자서 돌진하고, 또 어떤 사람은 자신에게 의지하는 사람들을 함께 보살피면서 목표를 향해 도전한다. 성공의 기준은 사람마다 다르다. 하지만 주변을 함께 보살피는 사람에게는 영혼이 담겨 있는 것을 느낄 수 있다.

차일수 팀장은 보험 회사에서 보험설계사들을 지원하는 팀을 맡고 있는데 소속 팀원은 20여 명입니다. 이 팀의 구성원들은 모두 차 팀장을 최고의 상사로 꼽고 있습니다.

보험설계사들을 지원하는 업무는 수시로 바뀌는 상황에 빠르게 대처할 수 있어야 할 뿐만 아니라 고객 만족을 위해 설계사들과 밀접하게 소통해야 합니다. 팀의 이런 특성을 잘 아는 차 팀장은 구성원들이 자율적으로 업무를 수행할 수 있는 환경을 만들어 줍니다. 또한 구성원들이 삼삼오오 짝을 지어 새로운 지원 업무를 개발하는 데 도전하도록 '챌린저 기네스북' 제도를 만들어 운영하고 있습니다.

상사의 이런 지원 덕분에 보다 나은 방법으로 설계사를 지원하고 관리할 수 있는 방법들이 지금도 쏟아져 나오고 있습니다. 팀원들은 격주로 한 번씩 아이디어 공유 시간을 갖습니다. 구성원들 각자의 아이디어는 서로 논의하여 가장 우수한 지원 방법을 채택합니다. 그리고 채택된 지원 방법은 실제 업무에 적용됩니다. 구성원들은 모두가 찬성해서 채택한 방법이기 때문에 적극적으로 아이디어를 활용합니다. 이 과정에서 발생되는 장애 요소에 대해서 차 팀장은 해결책을 제시합니다. 그래서 구성원들은 실제 적용시 따르는 책임에 대한 부담감이 줄어듭니다.

차 팀장의 또 다른 훌륭한 리더십 행위는 구성원들이 팀의 비전과 목표에서 벗어나지 않도록 관리하는 것입니다. 구성원들이 도전 의식을 가질 수 있도록 다양한 인정과 크고 작은 보상 방법을

공정한 인정은 일터를 풍성하게 한다

실현합니다. 처음에 설정한 업무 목표보다 초과 달성한 구성원들은 차 팀장으로부터 초대권을 받습니다. 볼링 쿠폰이나 만홧가게 탐방 쿠폰 등이 매달 제공됩니다.

차 팀장은 위에서 아무리 재촉하고 꾸지람을 받아도 그 스트레스를 팀원들에게 풀지 않습니다. 팀원에 대한 믿음이 강하기 때문에 비용 처리까지 권한을 위임해 줍니다. 출장비에 대해 일일이 보고하면 "업무를 달성하기 위해서 수고하고 있는 것을 잘 알고 있어요. 그만큼 회사 비용도 필요한 데만 사용했을 것이라 믿어요. 그러니 일일이 보고할 필요는 없어요."라고 말합니다. 팀장의 믿음 때문에라도 팀원들은 딴생각을 할 수가 없습니다.

차 팀장이 단기 성과에 연연하지 않기 때문에 팀에서는 늘 다양한 도전과 실험이 진행됩니다. 팀원들은 보다 효율적으로 일할 수 있는 방법을 고민하면서 자기 일에 도전하고 있습니다. 그들이 마음 놓고 새로운 시도를 할 수 있는 것은 차 팀장에 대한 신뢰가 바탕이 되기 때문입니다.

성과가 제대로 나지 않는 달에 팀장은 임원실에 불려 갑니다. 팀원들은 그럴 때마다 차 팀장을 잃게 될까 봐 더욱 단합해서 성과 창출을 위해 도전합니다. 팀원들에게 늘 도전할 수 있는 기회를 주는 차 팀장이 있는 한 설계사 지원팀은 더욱 활기가 넘칩니다.

기차를 타고 갈 때 많은 사람들은 목적지 도착만을 생각하다 보니 주변의 다양한 모습은 그냥 스쳐 지나치는 경우가 많다.

지나치게 목표 의식에 사로잡힌 사람은 직선적인 생각의 틀을 깨기 어렵다. 그래서 함께하는 사람들의 가능성과 다양한 생각을 미처 수용하지 못한다. 그런 사람의 삶은 단조롭다. 목적지에 도착하는 것도 중요하지만, 그 사이에 벌어지는 상황에서도 많은 것을 배울 수 있다는 사실을 놓치게 된다.

주변을 두리번거리다 보면 더러는 방향을 잃은 것 같은 생각을 하기도 하지만, 때로는 생각지도 못한 새로운 길을 찾기도 한다. 그것이 바로 살아가는 묘미이며 기술이다.

자신에게 기대어 오는 사람들은 되새겨 보면 스승인 셈이다. 자신에게 의지하는 사람들의 욕구를 충족시켜 주기 위해 노력할 때, 나만의 지혜와 도전 욕구는 계속 쌓여 간다.

공정한 인정은 일터를 풍성하게 한다

진솔한 소통이
같은 목표로
몰입시킨다

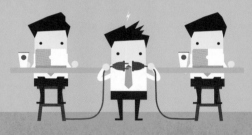

침묵이 금이라고 했던가? 자신에게 쏟아지는 비난을 변명 한마디 없이 묵묵히 받아내는 사람들을 보면 지독한 것인지 아니면 지혜가 있는 건지 알 수가 없다. 말은 많이 할수록 사람을 가볍게 만든다. 아무리 표현을 해도 나와 생각이 다른 상대를 완벽하게 이해시키고 공감대를 형성하기는 쉽지 않다. 말과 행동은 그 사람의 생각과 태도가 반영된 결과이다. 아무리 입에 침이 마르도록 칭찬하더라도 말하는 사람의 생각과 태도가 무심하다면, 상대에게 바로 전해져 겉치레 말이라는 것을 알아챈다. 옛말에 "말 한마디가 천냥 빚을 갚는다."는 속담이 있다. 진심을 담은 말은 돈으로 살 수 없는 귀중한 보물이다.

정진하 씨는 자신이 마치 윗사람의 꼭두각시 같은 기분이 들어 일터에 나오고 싶은 마음이 없습니다. 처음에는 이수용 팀장이 시원시원하게 일을 맡기고 간섭하지 않아서 업무 권한을 위임 받는 것 같아 기분이 좋았습니다. 그런데 그것은 정진하 씨의 착각이었습니다. 이수용 팀장과 함께 일한 지 벌써 1년 4개월이 지났지만, 정진하 씨와 팀원들은 영혼이 빼앗긴 허수아비 같다는 생각을 점점하게 됩니다.

이 팀장은 업무를 지시할 때 방향이나 기대치를 말해 주지 않습니다. 어떤 의견이나 주장도 없이 팀원들이 각자 방식으로 하게 냅둡니다. 처음에 팀원들은 자신에게 맡겨진 일을 열정적으로 수행했습니다. 그런데 팀장이 업무를 점검할 때마다 방향이 변질되어 배가 산으로 가는지 바다로 가는지 헷갈렸습니다. 처음부터 업무에 대한 팀장의 생각이나 의견을 명확히 얘기해 주었더라면, 헛발질하는 느낌을 갖지는 않았을 겁니다.

정진하 씨도 보고서를 작성하면서 당했다는 느낌을 받았습니다. 보고서를 작성하기 전에 팀장의 의견을 물었더니 본인 생각대로 하라면서 격려해 주었습니다. 그래서 며칠을 고민하고 자료를 찾아서 열심히 보고서를 작성했는데 팀장에게 보고하는 과정에서 전혀 다른 보고서로 변질되어 버렸습니다. 처음 기안했을 때의 방향조차 알 수 없을 만큼 팀장이 요구하는 방향으로 보고서가 바뀌었습니다.

그렇게 멋대로 수정할 거면 처음부터 팀장이 기획 방향을 제시

공정한 인정은 일터를 풍성하게 한다

해 주던지 중간에라도 정보를 주었으면 그렇게 황당하지는 않았을 것입니다.

일주일을 고생하면서 작성한 100쪽이 넘는 보고서는 빨간펜으로 얼룩져 버렸습니다. 정진하 씨는 자존심도 상했지만, 자신의 영혼이 빼앗긴 것 같았습니다. 더 기가 막힌 것은 보고서의 의도나 방향은 오간 데 없고 팀장이 수정한 내용은 맞지도 않았습니다. 말 없는 중후함이 사람 뒤통수를 친다는 생각이 들었습니다.

보고서를 기획하고 작성한 사람은 흔적이 보이지 않고 팀장이 만든 보고서가 되어 버렸습니다. 처음 기획한 의도가 사라졌는데 보고서 내용을 쉽게 이해할 수 있는 사람은 없을 것입니다. 결국 보고서는 윗사람에게 질타를 받는 애물이 되어 버렸습니다. 이 보고서의 최종 책임은 누가 져야 합니까?

이런 일을 번번이 겪으면서 이제는 팀장의 업무 스타일에 맞추게 되었습니다. 어차피 팀장이 다시 바꿀 것이기 때문에 정성을 쏟을 필요가 없습니다. 이수용 팀장의 이런 업무 스타일을 과묵한 것이라고 할 수 있을까요?

어떻게 해야 제대로 소통할 수 있는지 팀원들은 알지 못합니다. 늘 당사자가 직접 하게 한 다음에 자기 스타일대로 마구 고치는 팀장과 일을 하면서 생각 있는 사람이 되기는 어렵습니다.

정진하 씨는 이제 팀장과 구성원 사이에 공감할 수 있는 소통 방법이 있어야 한다고 봅니다. 모두 허수아비가 되어 가는 일터에서 좋은 결과를 낼 수는 없습니다. 그런데 정작 팀장이 다 고쳐 놓고서도 결과가 좋지 않으면 과제를 수행하거나 보고서를 작성한 사람에게 화살이 돌아갑니다. 아무런 설명도 없이 담당자 마음대로 해보라고 던져 놓을 때는 언제고, 본인 취향대로 다시 고치는 팀장의 놀부 심보에 어떤 구성원이 애정을 갖고 일하겠습니까?

일터에서 구성원들은 리더의 태도와 행동에 따라 자긍심이 높아지기도 하고 위축되기도 한다. 그만큼 리더라는 존재는 여러 사람에게 영향을 미친다. 리더가 제시하는 방향이 모호하면 일터의 모든 상황은 애매해지고 구성원들은 갈팡질팡한다.

　다른 사람을 골탕 먹이는 것이 취미가 아니라면 리더는 먼저 구성원들이 가야 할 방향을 명확히 제시해 주어야 한다. 그리고 목표점에 도달할 수 있는 방법을 제시하는 것이 맞다. 망망대해를 항해할 때라도 구성원들의 나침반이 되어 그들이 두려움 없이 당당하게 일터의 주인공이 될 수 있도록 훌륭한 항해사이자 감독자가 되어 주어야 한다.

　최상의 소통은 상대가 스스로를 가치 있는 존재라고 느끼게 만든다. 뿐만 아니라 대화에 함께 참여하면 자신이 존중받고 있다는 느낌을 받을 수 있다.

　리더는 이렇게 진솔한 소통을 통해 구성원들의 공감을 이끌어내고 모두가 같은 방향을 바라보며 일할 수 있는 환경을 만들어 주어야 한다.

공정한 인정은 일터를 풍성하게 한다

차이는 인정하고
차별은 없애야
인재가 넘쳐난다

우리의 자존심을 상하게 하는 것은 다른 사람과의 '차이' 때문이 아니라 '차별' 때문이다. 사람마다 일할 때 숙달 속도, 경험치 등이 다르지만, 그것이 사람을 차별하는 기준이 되어선 안 된다. 급변하는 사회 변화 속에서 여러 사람의 개성과 특성이 서로 어우러질 때 세상은 더욱 다양성을 갖추게 된다. 편견과 편애는 우월감과 열등감을 일으키며 승자와 패자를 가르는 이분법적인 결과를 만든다. 그러나 사람들의 차이를 인정한다면 다양한 결과를 수용하게 되어 각자 더 많은 성취감을 맛보게 한다. 사람을 차별하는 이들의 내면을 보면 열등감, 아집, 편견, 그리고 미움과 질투가 가득 차 있을 뿐이다.

글로벌 기업들은 저마다 인재 채용과 유지를 위해 안간힘을 쓰고 있습니다. 젊고 유능한 우수 인재 풀을 만들어 놓아야 경쟁에서 우위를 확보할 수 있다는 생각 때문입니다. 핵심 우수 인재와 우수 인재 등으로 나누어 인재 풀을 보다 폭넓게 관리하고 있습니다. 그런데 20퍼센트 내외의 우수 인재 관리 때문에 80퍼센트의 인재들은 소외감을 느끼고 있습니다.

강승만 과장은 가전제품을 생산하는 글로벌 기업에 다니고 있습니다. 강승만 과장이 소속된 생산관리 지원 파트에도 조직에서 찜해 놓은 우수 인재가 있습니다. 사실 우수 인재 관리로 인해 서로 간에 괴리감이 생길 수 있어서 회사 차원에서는 비밀리에 하고 있다고 합니다.

그런데 강승만 과장의 상사인 파트장은 다른 구성원들이 보라는 듯이 우수 인재 한 사람을 지목하여 자기 업무를 뒤이을 후계자로 관리하고 있습니다.

파트장이 지목한 우수 인재는 주태진 대리입니다. 해외 유학파이면서 입사 초기부터 탁월한 업무 능력을 보여 윗사람들의 주목을 받아 왔습니다. 상사들은 주 대리에게 일을 맡기고 싶어 했습니다.

그런데 파트장이 주태진 대리를 관리하는 방식에 문제가 좀 있습니다. 강 과장처럼 엄연히 중간관리자들이 있는데도 의견이 무시될 뿐만 아니라 의사 결정 단계까지 훌쩍 뛰어넘어 주태진 대리가 직접 결정할 수 있도록 분위기를 조성합니다.

이런 후계자 양성 과정이 몇 년 동안 지속되다 보니 결국 과장

공정한 인정은 일터를 풍성하게 한다

급들은 파트장에게 등을 돌리게 되었고, 파트장은 업무를 직원들에게 직접 지시하기에 이르렀습니다.

구성원들도 불만이 많습니다. 그들은 파트장과 중간관리자인 과장들 사이에 끼여 스트레스를 많이 받습니다. 일상 업무에서 과장들의 지원도 받아야 하기 때문에 눈치를 안 볼 수가 없습니다. 그렇다고 파트장의 지시 사항을 외면할 수도 없습니다. 그러다 보니 주태진 대리는 본의 아니게 동료들로부터 소외되고 있습니다. 뿐만 아니라 과장들에게는 눈에 가시로 박혀 그가 도움을 청해도 건성으로 도와주는 시늉만 합니다.

조직 차원에서 우수 인재 풀을 만들어서 각 파트의 차기 후계자를 양성하는 것은 우수 인재들이 다른 경쟁사로 이직하는 것을 막기 위한 좋은 방법입니다.

그런데 후계자를 담당하는 관리자가 합리적으로 조직을 이끌어 가지 못할 경우에는 부서 전체가 심한 몸살을 앓게 됩니다. 강승만 과장이 일하는 파트처럼 말입니다.

빈대 잡다가 초가삼간 태우는 격으로, 드러내 놓고 우수 인재를 관리하는 것은 다수의 구성원들에게서 열정적으로 일해 보려는 욕구를 강탈하는 것입니다.

이제 강승만 과장의 파트는 조직 내 신뢰 관계가 깨져서 상사가 혁신이나 개선을 외쳐도 구성원들은 겉으로만 하는 시늉을 합니다. 결국은 파트장과 주태진 대리만 날마다 동분서주하는 것 같습니다.

사람은 누구나 중심에 서고 싶어 한다. 다른 사람과는 차별되고 싶고 고유의 빛을 발하고 싶어 한다. 그런 사람들의 욕구를 조직은 우수 인재 관리에 활용한다.

그런데 조직이 우수 인재를 관리할 때 고민 중 하나가 나머지 구성원 다수가 소외감을 느끼지 않을까 하는 것이다. 다수의 구성원들이 아무리 해도 안된다는 자기 체념으로 의욕이 사라진다면 조직 전체가 침체되는 상황이 벌어진다.

누구나 우수 인재가 될 수 있는 기회는 평등하게 주어져야 한다. 사람은 차별 받고 분리될 때 열등감과 분노가 일어난다. 자칫 이런 열등감은 엉뚱한 경쟁 의식을 불러일으켜 조직 내에 정치적 행위와 편견을 만들 수 있다.

다양성이 인정되고 수용되는 조직에서 구성원들은 개성을 발휘할 수 있다. 능력 차이는 있지만, 그 능력 때문에 차별 대우를 받는다면 구성원들은 잠재적 가능성을 발휘할 수 있는 기회를 박탈당하게 된다.

천재와 바보는 종이 한 장 차이라고 할 만큼 사람에게는 개발되지 않은 많은 가능성이 내면에 숨어 있다. 훌륭한 리더는 겉으로 드러난 구성원들의 행동에서 진주를 발견하는 것이 아니라 그들 내면에 숨겨져 있는 아직 발견되지 않은 재능을 찾아내서 갈고닦을 수 있게 해준다. 그런 리더와 함께하는 구성원들이 우수 인재가 되어 조직의 성과 창출에 기여한다.

공정한 인정은 일터를 풍성하게 한다

인정과 칭찬이 피어나는 일터

1 예외 없는 공정한 잣대를 적용하라

예외 없는 규칙은 없지만, 예외 없는 공정함은 있다. 규칙은 사람이 행하는 과정을 규정하는 것이지만, 공정함은 사람이 행한 결과에 대한 평가이기 때문이다. 능력을 발휘할 수 있는 기회는 누구에게나 공평하게 주어져야 하지만 결과에 대해서는 편애로 인한 불공정한 평가가 있어서는 안 된다. 공정성에 바탕을 둔 칭찬과 인정은 구성원들의 성취 의욕을 자극한다.

2 능력에 따라 업무 배분을 공정하게 하라

늘 일에 치여 사는 구성원들은 자신의 실력을 원망한다. 일이 주어지지 않아 한가한 시간을 보내는 구성원들은 자신의 부족함을 원망한다. 능력에 관계없이 누구에게나 똑같은 수준의 업무를 배분하는 것은 공정하지 못하다. 더 나은 능력자에게 더 어려운 과제가 주어지는 것은 당연하다. 다만 그 노력에 대한 대가는 차별화되어야 한다. 더 많이 일하고, 더 많이 노력하고, 더 많은 성과를 내는 사람을 대우하는 것은 지극히 당연하다.

3 편견과 편애를 없애라

구성원들 사이에 갈등을 없애려면 리더가 형평성 있는 결정과 행동을 해야 한다. 사적 친분이 공동 목표 달성을 위해 모인 집단 구성원들에게 영향을 준다면 업무 수행의 정도와 구성원의 적극적인 참여를 기대할 수 없다. 조직에서 리더의 편견과 편애는 구성원들의 정직한 경쟁에 장애 요인이 되고 그들이 업무에 집중하기보다는 정치적 행위에 더 많은 시간을 쏟게 만든다.

4 정보는 위에서 아래로 흐르게 하라

구성원들은 조직의 변화 사항에 대한 정보가 많을수록 조직에 관심과 애정을 보인다. 배우자 사이에 비밀이 없듯이 조직과 구성원 사이에는 비밀이 없어야 한다. 구성원들이 조직에 합류하는 순간부터 물질적 계약 관계가 아니라 결혼과 같은 의미를 갖는다. 정직하고 직접적인 정보의 공유는 조직이 위기에 처할 때 구성원들을 하나로 묶는 강한 응집력을 갖는다.

5 구성원들의 나침반이 되는 비전을 명확히 하라

어디로 가는지 길을 제시해 주지 않고 무조건 목적지만 정한 상태에서 구성원들을 이끄는 리더Task-master를 만날 때 구성원들은 자율적이고 창의적인 행동을 할 수 없다. 어디로 가는지 알지 못한 채 따라가야 한다면 구성원들은 눈뜬 장님과 같은 과제 수행자Task-taker가 된다. 먼저 구성원들이 함께 바라볼 수 있는 비전을 명확히 제시한 다음, 그곳에 도달할 수 있는 방법으로 이끄는 리더는 훌륭한 항해사가 된다. 이정표가 명확하며 그곳에 도달하는 길이 밝게 보일 때 구성원들은 자발적으로 몰입하고 기꺼이 헌신할 준비를 마친다.

공정한 인정은 일터를 풍성하게 한다

사랑하는 나의 아들딸들아

너희가 바람을 잃어버렸다면

나뭇가지 사이로 흔들리는 잎새를 보라.

잃었던 바람을 되찾을 것이다.

사랑하는 나의 아들딸들아

너희가 물을 잃어버렸다면

계곡 사이로 흐르는 시냇물 소리에 귀 기울여라.

잃었던 물을 되찾을 것이다.

사랑하는 나의 아들딸들아

너희가 불을 잃어버렸다면

하늘을 가로지르는 번개를 보라.

잃었던 불을 되찾을 것이다.

그러나 사랑하는 나의 아들딸들아

너희가 신뢰를 잃어버렸다면

그것은 영원히 되찾을 수 없다.

- 어느 인디언의 지혜에서